AF330576

CHOIX

DE PÉTITIONS

ET DE LETTRES

DE M. VERNAY

POUR LE RAPPEL DE LA FAMILLE

DE L'EMPEREUR NAPOLÉON IER.

CHOIX
DE PÉTITIONS
ET DE LETTRES
DE M. VERNAY
POUR LE RAPPEL DE LA FAMILLE
DE L'EMPEREUR NAPOLÉON IER.

Étranger aux bénéficences de l'Empire, et aux intérêts créés depuis 1789, mais froissé par toutes les révolutions,

Je n'ai été guidé que par des sentiments d'admiration, de reconnaissance et de nécessité nationales.

VERNAY,
Licencié ès lettres,
Avocat à la Cour impériale de Paris.

(2 décembre 1853.)

« Je ne connais aucun des membres de la famille de l'Empereur. Je suis un simple citoyen, qui demande justice pour d'autres citoyens..... Les exilés n'ont jamais beaucoup d'amis, d'amis bien chauds surtout. — Ceux qu'ils comblèrent le plus de biens et de faveurs voudraient pouvoir oublier leurs noms comme ils ont oublié leurs bienfaits. »

(M. *Dubois Aymé*, député, 29 mars 1834.)
(*Moniteur*, p. 746.)

PARIS,

TYPOGRAPHIE DE FIRMIN DIDOT FRÈRES,

IMPRIMEURS DE L'INSTITUT,

RUE JACOB, 56.

—

1853.

L'EMPEREUR NAPOLÉON III

A M. VERNAY.

Arenenberg, ce **24** février **1835.**

Monsieur,

Il y a longtemps que, touché des marques non équivoques d'intérêt que vous donnez à ma famille, je formais le désir de vous témoigner toute ma reconnaissance pour une conduite aussi noble et aussi désintéressée.

Habitué à voir sans cesse révoquer en doute dans les journaux les grands bienfaits que l'Empereur rendit à la France et à la cause des peuples, accoutumé à voir les parents du grand homme oubliés et même souvent calomniés, je suis plus sensible que tout autre à la vénération qu'on porte au souvenir de l'Empereur et à la sympathie qu'on montre pour sa famille.

Ma mère, désirant vous donner une marque de la satisfaction qu'elle éprouve à voir la persévérance que vous mettez à défendre une cause opprimée, et voulant que vous ayez un souvenir d'elle, je saisis avec empressement cette occasion de vous exprimer ma vive sympathie et mes sentiments distingués.

NAPOLÉON-LOUIS BONAPARTE.

A M. VERNAY.

Londres, 1er novembre 1833.

Monsieur,

J'ai lu avec intérêt la consultation que vous m'avez adressée. Je vous prie d'agréer, comme témoignage de ma reconnaissance, les vases antiques que je vous adresse. — (V. I, p. 51.)

Ne doutez pas, Monsieur, de la véritable estime avec laquelle j'ai l'honneur d'être,

Monsieur,

Votre affectionné

JOSEPH-NAPOLÉON BONAPARTE.

A M. VERNAY.

Paris, le 22 mai 1815.

Monsieur,

Le Prince LUCIEN a reçu *votre lettre* du 15 de ce mois, *et le Mémoire* que vous y avez joint pour l'EMPEREUR.

Le Prince applaudit aux intentions patriotiques qui vous ont dicté ce mémoire, et me charge de vous en remercier.

Je vous prie, Monsieur, d'agréer l'assurance de ma parfaite considération.

Le secrétaire de S. A. I.,

Pre DAVID.

AU PRINCE LOUIS-NAPOLÉON.

Il ne fera rien que de juste :
Dès le matin, au point du jour,
Il produira son jugement à la lumière.
Sophonie, 3, 5.
J'ai mis ma parole dans ta bouche.
Jérémie, 1, 10.

PRINCE,

Sauveur de la France et de l'Europe, les seuls discours dignes de votre grande âme et du Suffrage Universel sont, échos fidèles de 1804, les acclamations du Peuple en 1848 et 1851, CONSÉCRATION DIVINE, VRAIE, SEULE, UNIQUE LÉGITIMITÉ, INOUIE DANS L'HISTOIRE AVANT L'ÈRE NAPOLÉONIENNE (*).

L'avenir ouvert par la Providence à la Patrie, à votre courage, à vos vertus, m'a inspiré dans mon discours du 12 novembre 1851, à Mgr l'évêque de Saint-Flour. Voilà pourquoi je prie votre affectueuse bienveillance d'en agréer l'offrande.

Je suis avec respect,

Prince,

votre très-humble
et très-obéissant serviteur

CHARLES VERNAY.

Paris, le 2 décembre 1851.

(Paris, 1851.—Imprimerie de Firmin Didot frères.)

(*) Sur les DIX-HUIT CENTS *Rois* ou *Empereurs* dont la froide histoire a enregistré les noms, DEUX *seulement*, les EMPEREURS NAPOLÉON, ont été élus par le suffrage individuel, populaire, national, qui, librement, volontairement, spontanément, les a comparés, choisis, préférés, reconnus et sacrés ! — (V. p. 68 *.)

1.

Un corazon tan solo me ha tocado,
Un tierno corazon, que se alimenta
Del deseo de amar, y ser amado,
Y que del Pueblo la esperanza aumenta.
EUGENIA quanto habla son discreciones.
El garbo que acompaña sus acciones,
Su gracia, su modestia, su decoro,
Son mas preciosos que el valor del oro.
EUGENIA, vida, alma mia, esta corona
Que hace tan poderosa mi persona,
Es para mi una carga muy pesada.
Es el imperio pildora dorada,
Por de fuera esplendor, brillo, dulzura;
Y el interior compuesto de amargura :
De tal suerte me afflixe que en el dia,
Fuera de vos, no encuentro ya alegria.
En vos hallo una cosa à mi tan grata
Que me prenda, enamora y arrebata :
De la amable virtud son atractivos
Para robar afectos los mas vivos.
En todo EUGENIA muestra su prudencia;
Toda respira paz, toda inocencia.
Ella serena todos mis nublados;
Ella dexa mis males aliviados.
Que digo? Yo no temo ante sus ojos
De los hados opuestos los enojos :
Y reputo á mi solio mas sagrado
Teniendo su virtud puesta à mi lado.
Oh! embarazos del trono inevitables,
Que ocasionais descuidos condenables!
Un Principe, de quantos oprimido,
A lo presente aplica su sentido;
Lo futuro le tiene congoxado,
Ni un desvelo le debe lo pasado :
¿ tantos roedores como nos rodean
Por su proprio interes ! Y no se vean
Hombres que traigan para nuestra gloria
El merito olvidado à la memoria !

צהלי ארץ : גם עלי ים ירחיב מסחריך
ימי עדן יקומו ויפרחו . על אדמת אכריך
דגן ותירוש נסמכו . ובשמחתם יענו
יחי נאפאלעאן האדיר אדוננו
בנעימים תחיה הוגהניא גברתנו
אלהים : גנון אותם בצלך . ואז הטוב לנו :

———

Tu, quante fur, le sorpassasti, tutte.
Chi troverà attenta donna e forte?
Il suo prezzo è maggior di quante mai
Vengon da lungi e da' confini estremi
Dell'universo.
    Il cuor di suo marito in lei confida.
Non a vani discorsi, o pur mordaci,
Ma solo a sagge voci aprìò la bocca,
E la legge regnò della clemenza
Nella sua lingua ognor dolce parlando.
    La mano aperse, anzi ambedue le stese
Liberal largitrice al bisognoso.

Salomone, XXXI, v. 10, 11, 26, 20.
(Da *Casaregi*.) — (V. X, p. 81.)

A S. M. L'EMPEREUR NAPOLÉON III.

Sire,

Joyeux de vous voir, accordez-moi la faveur de vous redire que la France est heureuse d'être gouvernée par Vous, Sire, digne fils d'un Roi valeureux, lettré, philosophe et bon citoyen ; par Vous, Sire, initié dès l'enfance, par deux cœurs d'élite, à toutes les délicatesses de l'âme; ancienne espérance de l'Empereur; formé par l'adversité; gracieux, bon, sensible, généreux, désintéressé; linguiste, littérateur, savant; esprit méditatif; écrivain profond, énergique, précis, élégant, harmonieux; auteur d'ouvrages philanthropiques, commerciaux, politiques, militaires et géographiques, admirés sur les deux continents, comme dignes du nom de Napoléon, et sur lesquels, en France, les voix journalières de la renommée, intimidées par l'éclat du pouvoir et du talent, suspendent, à regret, leurs éloges, dans la crainte et de blesser une noble modestie, et de paraître inspirées plutôt par l'adulation que par une nécessaire justice.

Ces droits naturels et légitimes à l'affection, au dévouement des Français, au respect du monde, s'augmentent encore par votre magnanimité, qui a refusé des couronnes étrangères, bravé la mort, la captivité et ses dangers cachés et secrets, plutôt que de renoncer à sa mission reçue au berceau, fortifiée par un rayon du soleil de Sainte-Hélène, ravivée par les émotions de 1836 et de 1840, renouvelée avec enthousiasme par les votes francs et populaires de 1848, de 1851 et de 1852.

Oui, Sire, vous accomplirez votre mission miraculeuse, pour laquelle, en recevant cette force qui vient de Dieu, vous avez été armé de patience, de longanimité, de persévérance, de franchise, de courage et d'abnégation.

Le pays tout entier, voué de cœur au souvenir immortel de Napoléon, avait toujours foi, espérance, affection pour les grandes destinées qui vous attendaient, intrépide, ferme, résolu défenseur de la civilisation, de l'honneur national, de la propriété; ami des pauvres, des soldats, des ouvriers; excitateur de l'agriculture; protecteur de l'industrie, du commerce, des arts et des lettres; zélateur de la religion; inspirateur de la morale; destructeur des frénésies ambitieuses, égoïstes, impies, que les fléaux de 1793, de 1814 et de 1830 se sont efforcés longtemps de substituer aux anciennes mœurs françaises, formées d'un esprit laborieux et créateur, cette heureuse obéissance aux lois naturelles, cette véritable indépendance qui ne produit ni troubles, ni regrets, ni remords; de loyauté, cette supériorité de l'âme; de simplicité, ce mépris salutaire des vanités tyranniques et corruptrices; de désintéressement, cette richesse du cœur; de politesse, cet exercice de la bonté, cette pratique de la charité humaine; et d'amour de la famille, abondante source de vertus, et leur plus précieuse récompense.

Ainsi, aux réparations politiques, Sire, vous aurez ajouté les réparations morales, conquêtes les plus glorieuses et les plus durables, heureux fruits de la sagesse, et non présents accidentels de la fortune, dont.

le caprice, rapidement soufflé d'en haut, brise trop souvent ses plus magnifiques ouvrages, pour rappeler à l'homme et son exil et son néant.

Nous demandons à Dieu, Sire, qu'il confie aux joies de votre cœur, à votre félicité personnelle, unie à celle de la France, la mission aussi d'être les vraies, douces et longues rémunérations de vos combats, de vos travaux, et des peines inséparables du pouvoir suprême.

Dieu, qui nous protége en vous, a donné à Votre Majesté une épouse selon son cœur et ses pensées. L'Impératrice, sainte couronne de vos vertus et de vos grandes actions, aura le bonheur de multiplier les grâces du ciel pour votre félicité, la sienne, et celle du peuple français, fondée sur la stabilité nationale créée, affermie par la tendre union de Vos Majestés. Appuyés sur la religion et la morale, seules protectrices des Princes et des États, vous léguerez, le plus tard possible, à vos descendants la gloire de rendre aussi les peuples heureux par la vertu.

Et nous, Sire, nous transmettrons à nos arrière-petits-fils et notre amour et notre reconnaissance, au cri de *Vive l'Empereur! vive l'Impératrice* (*)!

CHARLES VERNAY.

Paris, février 1853.

(*) . . . . Le vieillard expirant
De ce Prince à son fils fait l'éloge en pleurant.
Le fils, éternisant des images si chères,
Raconte à ses neveux le bonheur de leurs pères.
Et ce nom, dont la terre aime à s'entretenir,
Est porté par l'amour aux siècles à venir.　　　　(VOLTAIRE.)

PÉTITION DE M. VERNAY

POUR LE RAPPEL DE LA FAMILLE DE L'EMPEREUR,

*Distribuée aux deux Chambres, à plusieurs sessions,
et à diverses reprises, par milliers d'exemplaires.*

Paris, le 2 décembre 1833.

Messieurs les Pairs, Messieurs les Députés,

Tout pour le peuple français.
NAPOLÉON.

Votre expérience éclairée sait que le temps et la justice, organes véritables des nations, en proclament, en adoptent, en consacrent les vœux par la réforme des lois particulières et fondamentales, jadis trop souvent empreintes d'un esprit individuel substitué à l'universelle pensée. Aussi espéré-je voir cette *pétition* accueillie par votre sagesse, Messieurs, comme elle le serait par la conscience de tous les Français, même de ceux, s'il en est, qui auraient le malheur de jeter sur l'immuable justice le voile de leur mobile intérêt.

Un exil immérité relègue sur la terre étrangère, prive du droit de cité, frappe d'interdiction et de proscription des Citoyens qui pleurent avec la France le héros, le législateur, le génie qui n'a été le plus grand des grands hommes que parce qu'il était la formule nationale, l'unité représentative de la patrie, le *Peuple-Empereur* d'un Peuple-Empire. Une loi de mégarde, contradictoire avec le respect du monde et l'idolâtrie de la France pour celui dont elle partagea la gloire et les revers, n'est-elle pas en hostilité aussi bien contre chaque enfant de la grande nation que contre une famille, autrefois, il est vrai, complice de nos hautes destinées, mais innocente des maux qui les ont expiées si douloureusement. Et lorsque, entouré et de l'armée, et de la garde-citoyenne, et de l'amour de tous, et de ces Princes chéris, brillantes espérances d'heureux et dynastiques avenirs, le Roi-Populaire célébrait, sancti-fiait le désiré retour des trois jours séculaires de Juillet, en saluant le destructeur de l'anarchie, le régénérateur de l'ordre public, le propagateur de la civilisation ; si à l'instant, invoquant et la générosité de son cœur et l'assentiment universel, les parents de Napoléon eussent paru soudain, réclamant leurs droits de cité ; un seul et indigne refus aurait-il osé profaner et la fête et le culte des immortels souvenirs ? N'aurait-on pas cru entendre l'autre Idole de la Grandeur Nationale dire à notre Louis-Philippe : « Élu, comme Moi, par l'amour de nos concitoyens, tu répondras à leurs vœux, à la justice, à la sollicitation de ta belle âme, en rendant à leur patrie des Français proscrits, dont le seul crime, pour mes frères, est d'avoir toujours combattu les ennemis de la France (Jérôme fut blessé à Waterloo); et, pour mes sœurs, d'avoir souffert à cause de moi. Ton cœur de fils se souviendra avec émotion de mes soins en 1815 en-vers ton illustre mère. Une noble émulation t'atten-drira pour une femme de quatre-vingt-quatre ans. Hélas ! après la douleur de m'avoir survécu, son seul crime aussi est d'être la mère de Napoléon, de Napoléon dont les victoires, le règne agité et les malheurs, en refoulant vingt ans l'invasion des Rois, ont seuls préparé ton règne pacifique, florissant et fortuné. »

Et ce qu'il aurait dit, nous le pensons tous comme ce qu'il a dit.

Peut-être, mais en vain, une voix récusable articulerait que la proscription des *Napoléon* est exigée par la Politique ! — De la *France ?* — Inexactitude ! — De quelqu'un ? — Et d'abord, il n'oserait l'avouer hautement en présence du Peuple et de l'ancienne opinion d'un grand et illustre Prince. — Puis, sophiste de la frayeur, réfutez donc cette naturelle argumentation de l'immuable destinée : Ou l'auguste et immortelle Dynastie philippienne appartient providentiellement aux siècles futurs qui s'avancent, pressés de rivaliser avec nous de bonheur et d'amour ; ou une cruelle fatalité l'a destituée d'avenir. Dans ces deux contingences, quelques citoyens de moins, ou de plus, l'inévitable cours des événements s'accomplira inexorablement. Est-ce par la présence ou le concours d'un *Jeune Inconnu,* révélé depuis comme le Génie du Peuple-Souverain, que s'est élevé le triste et sanglant échafaud de *Louis XVI ?* La brûlante ardeur du Soleil de *Juillet,* qui a dévoré le trône des Bourbons, eût-elle été amortie par l'absence de S. A. R. S^e. Mgr le Duc d'*Orléans ?* La seule conséquence en eût été, peut-être, de priver les Rois d'un Modèle et la *France* d'un Père. — Ah ! que serait-elle devenue sans chef et sans guide ? — Ces faits contemporains, et ceux identiques racontés, conservés par l'histoire, oracle de l'avenir, suffisent pour ôter tout germe de crainte à l'esprit le plus méticuleux. Et, fidèle écho des variations humaines, l'expérience ne dit-elle pas que les serments, les proscriptions et les distances n'assurent et n'empêchent rien.

Mais, dévoués à la patrie, incapables de lui nuire,

exempts de faute et de reproche, puisque le passé est
leur garant, pourrait-on accuser les *Napoléon* d'être la
native et traditionnelle conspiration, la vivante hérédité
du crime, le culte incarné du mensonge et de l'or ?
Aussi conserveraient-ils, malgré le sort ennemi, et
l'asile de leur conscience, et la sainte puissance du
talent, du malheur et de la vertu : noble refuge, grandeur révérée, inaccessibles aux mobiles flatteurs et au
pouvoir égoïste !

Enfin, est-ce honorer l'Empereur que de proscrire
sa famille, sans cesse, aux jours héroïques, instrument
spontané de clémence, de générosité et de Puissance
Nationales ? Ainsi, tout s'élève contre une loi anti-
logique, dont la singulière application frapperait et
le Roi et la Reine de *Suède*, et le Roi et la Reine
de *Wurtemberg*, et un monarque et des archiducs
d'*Autriche*. Il faut donc croire que, fidèles à leur
vœu et à leur mandat de faire ce qui convient et
plaît à la Nation, ses sept cent dix représentants
(251 nobles Pairs, nommés par sa gracieuse Majesté, et 459 Députés, par des électeurs) ne refuse-
ront pas les *droits civils* et *le séjour de la Patrie* à
des *Citoyens* auxquels plus de trente-deux millions de
Français s'honorent d'offrir, au moins, l'hospitalité du
souvenir.

Aussi, Messieurs, votre patriotique sagesse ne souf-
frira pas qu'éternels objets de gratitude et d'orgueil
pour la France, les bienfaits et la gloire de Napoléon
ne soient pour les Siens qu'une source continuelle de
maux, d'exil, de persécutions et de deuil.

En conséquence, Messieurs, provoquant votre initiative, je demande *l'abrogation* des articles 6, 1 et 2 de

la loi du 10 avril 1832, qui interdit *les droits civils et le séjour de la Patrie* à la famille de Napoléon le Grand.

Par cet acte national de nécessaire et solennelle justice, vous acquerrez, Messieurs, de nouveaux droits aux heureux applaudissements et de vos consciences, et du peuple français et du monde.

Je suis avec respect,

Messieurs,

votre très-humble
et très-obéissant serviteur

VERNAY,

Licencié ès lettres,
Avocat à la Cour d'appel de Paris.

Paris, 2 décembre 1833.

(1833, imprimerie de L.-E. Herhan.)

Pénétrés des mêmes sentiments, nous formons la même demande.

(Suivaient de nombreuses signatures (*).

(*) Le 22 janvier 1834, *Moniteur* du 23, p. 146, 3ᵉ col., au bas, vote de la Chambre des Pairs adoptant, *sans ombre d'opposition*, le rapport de M. *le comte de Tascher* concluant au rejet de la pétition de M. Vernay. — (22 octobre 1804. — 4 juin 1814.) — (V. p. 16, 29 * et 48 *.)

Et par voie de conséquence, rejet de toutes les autres pétitions, notamment les 22 janvier, 22 février, 27 février, 13 décembre 1834, 9 avril 1836, etc., etc.; indépendamment des pétitions non rapportées, quoique enregistrées et inscrites aux feuilletons imprimés des deux Chambres.

« Le Peuple seul se souvient de nous..... Quant au Peuple, s'il se rappelle sa « gloire, sa force, sa grandeur et la sollicitude constante dont il fut l'objet, « notre souvenir lui sera toujours cher. J'en ai la conviction, et cette pensée « est la plus douce consolation que l'on puisse conserver dans l'exil, comme « emporter avec soi dans la tombe. » — Que n'a-t-elle vu 1848 et 1852!

(*Souvenirs de la reine de Hollande*, mère de Napoléon III. — p. 254 et 324. — Livre à méditer! — *Plus habet in recessu quam fronte promittit. — Quintil.*, lib. I, c. xiv, éd. *Lemaire*, 1, 79.) — V. p. 67 et 69 *.

PÉTITION DE M. VERNAY

AUX DEUX CHAMBRES.

Paris, 22 juillet 1834 ; — 2 décembre 1835.

Messieurs les Pairs, Messieurs les Députés,

> Personne au monde n'oserait dire que la loi portée contre la FAMILLE DE NAPOLÉON LE GRAND eût été votée dans les assemblées générales de la Nation (*).

Sollicitant votre initiative, je demande à votre conscience française l'abrogation de la loi de mégarde du 10 avril 1832, qui interdit les droits civils, et le séjour de la Patrie à *la famille de* NAPOLÉON LE GRAND.

Je suis avec respect,

Messieurs,

Votre très-humble
et très-obéissant serviteur

VERNAY,

Licencié ès lettres,
Avocat à la Cour d'appel de Paris.

(*) 18 mai, 2-décembre 1804. — 3 avril 1814. — 29 juillet 1830. — 24 février 1848 ; 10 décembre 1848 ; 20 décembre 1851 ; 20 novembre 1852.

RÉSUMÉ.

SEPT CENTS PAIRS ET DÉPUTÉS ont proscrit, repoussé, calomnié la famille de *Napoléon Ier*.

HUIT MILLIONS DE CITOYENS ont reconnu et nommé NAPOLÉON III, Empereur des Français, par la volonté nationale.

PÉTITION DE M. VERNAY

AUX DEUX CHAMBRES.

Paris, 22 juillet 1834 ; — 2 décembre 1835.

Messieurs les Pairs, Messieurs les Députés,

> L'honneur, le sentiment, la raison n'ordonnent-ils pas de préférer le fils d'une victime au fils d'un scélérat ?

Je vous supplie de prendre l'initiative pour qu'il soit rendu une loi tendant à faire apporter de *Vienne à Paris* les restes mortels de l'Enfant de la Nation, le jeune et infortuné NAPOLÉON II, afin que le même tombeau renferme et l'immense gloire et les anciennes espérances des souvenirs (*).

Je suis avec respect,

Messieurs,

votre très-humble
et très-obéissant serviteur

VERNAY,

Licencié ès lettres,
Avocat à la Cour d'appel de Paris.

(*) N° 44, feuill. du 27 décembre 1835 ; M. *Viennet*, rapporteur. — (V. p. 43, 51, 57, 76 *.)

PÉTITION DE M. VERNAY

Chambre des Pairs, séance du 22 janvier 1834. Rapport de M. le comte de Tascher concluant au rejet de la pétition de M. Vernay. (Moniteur, 1834, p. 146.)

— « Messieurs, la loi du 12 janvier 1816 a été, en ce qui concerne la famille de l'Empereur *Napoléon*, refondue et modifiée en 1832 dans la loi du 10 avril.

« Quant à l'abrogation complète de l'article 6 d'une loi aussi récente que demande le pétitionnaire, et qui aurait pour but de rouvrir le territoire français à tous les membres de la famille *Bonaparte*, votre comité a pensé que le Gouvernement étant responsable de la tranquillité du pays et juge naturel de tout ce qui pourrait la compromettre, c'était à lui seul qu'il appartient d'apprécier l'opportunité d'une pareille mesure et d'en prendre l'initiative. — Votre comité a, en conséquence, l'honneur de vous proposer l'ordre du jour sur la pétition du sieur *Vernay*.

« Cette pétition se rapportant au *projet de loi d'organisation du Conseil d'Etat*, actuellement soumis à une commission spéciale, votre comité a l'honneur de vous en proposer le *renvoi immédiat à cette commission.* »

Les conclusions de ce rapport furent adoptées par la Chambre des Pairs, *sans ombre d'opposition* (*).

(*) Et le 22 février 1834, malgré les efforts de MM. Sapey, Limperani, Lévesque de Pouilly, Teulon, colonel Briqueville, général Bertrand, Emmanuel

PÉTITION DE M. VERNAY

POUR LE RAPPEL DE LA FAMILLE DE L'EMPEREUR.

*Chambre des Députés, séance du 13 décembre 1834.
Rapport de M. Augustin Giraud.* (Moniteur, 1834,
p. 2226.)

« Messieurs,

« Le sieur Vernay, avocat à la Cour royale de Paris,
demande l'abrogation des articles 6, 1 et 2 de la loi du
10 avril, qui interdit les droits civils et le séjour de la
France à la famille de *Napoléon Bonaparte.*

« Dans votre précédente session, le sieur *Vernay* pré-
sentait la même pétition, dont le rapport vous fut fait,
ainsi que de plusieurs autres qui avaient le même objet,
le 22 février. Après une longue et solennelle discussion,
la Chambre passa à l'ordre du jour. — Aujourd'hui les
mêmes motifs, la raison d'Etat, la prudence, exigent
encore que vous ne cédiez pas aux sentiments généreux
qui pourraient vous entraîner, et votre commission m'a
chargé, à regret, de vous proposer l'ordre du jour. »
Adopté sans discussion, et *rejet de la pétition* (*).

de Las Cases, nouveau rejet de la pétition de M. *Vernay,* et d'autres identiques. — (*Moniteur,* p. 398.)—(V. p. 29 *, et 48 *.)

(*) Le 13 décembre, les Députés avaient encore repoussé les Bonaparte
vivants, dont le *nom* populaire épouvantait et les heureux de Waterloo, et les
ingrats, et les apostats. — (V. p. 74 et 72 pourquoi le 22 mars 1814 ?)

Le 20 décembre,—comme expiation !—non certes pas !.....—mais pour cajoler
l'opinion publique, excitée, ravivée, fortifiée par la fréquence de pétitions et
de discussions solennelles et retentissantes; puis, pour faire accroire qu'ils n'a-
vaient pas peur d'un *mort ;* enfin, pour convaincre la Nation que le *cercueil de*

PÉTITION DE M. VERNAY

AUX DEUX CHAMBRES,

Pour réclamer les restes mortels de l'Empereur, adoptée par la Chambre des Députés, séance du 20 décembre 1834, rapport de M. Viennet. (Moniteur, 1834, p. 2262.)

« Le sieur *Vernay*, avocat à la Cour d'appel de Paris, sollicite l'intervention de la Chambre pour que les cendres de Napoléon soient rendues à la France. (MM. *de Golbéry* et *Fleury de Chaboulon demandent la parole.)*

« Les restes du grand capitaine ne peuvent pas porter ombrage à l'Europe, et leur retour en France ne pourrait porter aucun préjudice à la gloire de notre nouvel allié. Aussi, votre commission, partageant les sentiments

Sainte-Hélène rendait impossible *un* 20 *mars, un* 18 *brumaire, un* 2 *décembre,* les Députés adoptent la pétition qui réclamait les restes mortels de l'Empereur.

Et, contre leur prévision, ce vote important prépare l'apothéose du 15 décembre 1840, apothéose dédaignée, raillée par le 21 janvier 1793, triomphant à la vue d'un Tombeau et d'une Prison.

> Ergi tu il capo oltre gli eterei scranni ;
> E'a te soggetta la terrestre valle,
> E credi ognor fra lusinghieri inganni
> Batter sicuro di grandezza il calle :
> Ma fian tronche le tue brame, e la vicina
> Morte trarrati alla fatal ruina.

Si vede nella sua schiatta quali mezzi adopra il Sovrano del mondo per rovesciare dal loro soglio i Potenti indegni della prosperità di loro fortuna.

CHIAPPA, *Vita di Filippo*, 1823, Livorno, p. 222 et 225. — (V. IX, p. 77 *, 81 *.)

du pétitionnaire, a l'honneur de vous proposer le renvoi de la pétition à M. le Président du Conseil des Ministres. »

— *M. de Golbéry* (nom cher aux muses latines!) — Si je recommande cette pétition à l'attention de la Chambre, c'est qu'elle a été inutilement présentée plusieurs fois; — (*Voix nombreuses : Nous le désirons tous... il n'y a pas d'opposition...*) — et c'est pour cela que j'insiste. La Patrie ne peut pas être intéressée à l'exil d'un cercueil! — (*Il n'y a pas d'opposition!*)

— *M. Fleury de Chaboulon* (si énergique dans les Cent-Jours!). La revendication *des restes mortels de Napoléon* est un devoir sacré pour la France. (..... *On ne s'y oppose pas!.... Aux voix! aux voix!*)

Le renvoi à M. le Président du Conseil des Ministres est ordonné sans ombre d'opposition (*).

PÉTITION DE M. VERNAY

AUX DEUX CHAMBRES, POUR LE RÉTABLISSEMENT DE L'EFFIGIE DE L'EMPEREUR SUR LA CROIX D'HONNEUR.

Rapport de M. Viennet, séance du 20 décembre 1834.
(Moniteur, 1834, p. 2262.)

« Messieurs, le même pétitionnaire, M. Vernay, demande un projet de loi tendant à replacer l'effigie de Napoléon sur l'étoile de la Légion d'honneur. Napoléon est le

(*) Arraché par une obstination nationale, ce vote contenait, à l'insu des Députés, et le germe fécond de la résurrection Napoléonienne, et l'appel aux courageuses réponses de 1836, 1840, accueillies par l'espérance et couronnées par la confiance populaire en 1848, 1851, 1852.

fondateur de l'ordre de la Légion d'honneur. C'est à ce titre que les vétérans de cet ordre, ceux surtout qui l'ont reçu de lui, tiennent à lui rendre la place qui lui est due ! La reconnaissance leur impose ce devoir, et leur silence serait presque de l'ingratitude.

« Votre commission ne croit pas cependant qu'on puisse admettre un projet de loi à ce sujet. Elle ne pense même pas que la Chambre doive user ici de sa faculté d'initiative. C'est une affaire d'administration publique, et au gouvernement seul appartient le droit d'en décider. Mais nous croyons que la Chambre ne peut pas refuser son appui à une demande qui nous a paru juste..... Votre commission vous propose en conséquence le renvoi de cette pétition à M. le Président du Conseil des Ministres. »

Voix diverses. Appuyé, appuyé !

Le renvoi à M. le Président du Conseil des Ministres est ordonné sans ombre d'opposition.

A M. LE DUC DE DALMATIE,

PRÉSIDENT DU CONSEIL DES MINISTRES.

Paris, le 31 décembre 1834.

Monsieur,

Étranger personnellement et par ma famille à tous les intérêts matériels créés depuis 1789, froissé seulement par tous les contre-coups, fatals résultats de toutes les grandes catastrophes qui ont pesé sur la France ; exempt, ainsi que les miens, de toute souillure d'argent, de trahison et de sang; n'ayant, ni mes parents ni moi, occupé aucune fonction publique de 1789 à 1815; seul, constant défenseur de la loi, de la justice et du malheur, devant la sanglante cour prévôtale du Rhône; ayant fait rentrer dans leurs familles un grand nombre de prévenus et condamnés politiques, déplorables victimes de complots factices organisés par d'insidieux provocateurs; ainsi n'étant point dirigé par les suites de position individuelle, de parenté ou d'alliance, mais uniquement par des sentiments d'admiration, de reconnaissance, de nécessité nationales, j'ai présenté à la Chambre des Députés, entre autres, *deux pétitions*, qui, à l'unanimité, ont eu l'honneur de vous être renvoyées, Monsieur le Président du Conseil. — (V. XII, p. 83.)

Le tact et la justice du Grand Homme ont assuré votre illustration, votre avenir, et vous ont placé, noble Maréchal, dans le cortége des preux qui partagent son immortalité. Votre cœur patriote, digne de tressaillir sous sa fière image, a souffert de son exil, de ses douleurs, et du triste éloignement, au moins, de son tombeau. Pleine de confiance en la puissante énergie de vos démarches, la Chambre des Députés, organe de la France, vous a donné l'honorable mandat de faire exécuter ce que sollicitaient mes deux pétitions qu'elle s'est empressée d'adopter à l'unanimité et avec acclamation. Le caducée de la paix remplace dans vos prudentes mains le glaive des combats. Il vous est donc facile, Monsieur, d'obtenir pour une vérité inoffensive, et pour un tombeau, un triomphe moral qui assurera à votre nom une nouvelle gloire, plus grande encore que celle des champs de bataille. En conséquence, je vous supplie de procurer à la France l'avantage de vous devoir :

1° Une ordonnance qui restitue à la croix d'honneur l'Effigie de son fondateur : car le nom d'Henri IV lui est aussi étranger que le serait celui de Charlemagne ou de Jules César;

2° Une ordonnance qui décide que les restes mortels de Napoléon seront amenés de Sainte-Hélène à Paris.

Vaillant compagnon de l'Empereur, je vous prie de croire que je suis avec respect,

Monsieur le Président du Conseil des Ministres (*),

votre très-humble
et très-obéissant serviteur

. VERNAY,
Licencié ès lettres,
Avocat à la Cour d'appel de Paris.

(*) En transmettant un exemplaire de sa lettre à chacun de MM. les ministres, M. Vernay s'exprime ainsi..... « Je crois devoir, M. le ministre de la justice (de la marine, etc., etc.), vous faire part de cette première démarche, dirigée par une convenance hiérarchique, envers celui qui s'honore d'être, en raison de son titre, *primus inter pares*. A cette communication je joins la même prière. Appuyé par la Chambre des Députés, interprète d'une pensée universelle, j'espère que votre concours, votre initiative même, procureront à la France les deux ordonnances que je sollicite, et qui satisferont, du moins en partie, au culte du grand homme qui, vivant, fut le représentant de la Patrie, et dont le nom est encore l'expression des sentiments nationaux, etc , etc.» — V. III, p. 56, *les Réponses de M. le Ministre de la Justice et de M. le Ministre de l'Instruction publique.*

PÉTITION DE M. VERNAY

Paris, le 26 juillet 1834.

Messieurs les Pairs, Messieurs les Députés,

> Une petite fraction, souvent hostile, ne doit pas commander à tous.
> Si l'argent seul fait la loi, on n'aura que la loi de l'argent.

Je vous supplie de présenter un projet de loi électorale, conforme à la raison et aux besoins de la France.

129,010 électeurs, sur lesquels on compte des milliers de fonctionnaires, ne représentent pas la véritable opinion publique. Il vous serait bien plus doux, Messieurs, de devoir un mandat, plus auguste que la royauté, à la masse des citoyens, plutôt qu'à une minorité telle quelle.

N'a-t-il pas été plus honorable pour NAPOLÉON LE GRAND de recevoir l'Empire par le choix réfléchi et délibéré de 3,572,329 votants qu'il ne l'a été pour les Bourbons d'être rappelés au trône par quelques traîtres et quelques égoïstes qui, en 1814, et en juillet 1815, se sont impudemment appelés les représentants de la nation, laquelle, en mars 1815, et en juillet 1830, leur a donné d'éclatants et trop cléments démentis. — (V. p. 71*, 73*.)

Le droit d'élection et d'éligibilité doit être inhérent au droit de cité. — (V. VIII, p. 76.)

Je suis avec respect,

Messieurs,

votre très-humble
et très-obéissant serviteur

VERNAY,

Licencié ès lettres,
Avocat à la Cour d'appel de Paris.

PÉTITION DE M. VERNAY

AUX DEUX CHAMBRES, POUR DEMANDER UNE INDEMNITÉ
DUE A LA VILLE DE LYON.

Paris, le 27 juillet 1834.

Messieurs les Pairs, Messieurs les Députés,

> Le réparateur des discordes intestines, NAPOLÉON LE GRAND s'est immolé deux fois à l'appréhension de la guerre civile. (V. p. 75*).

> Ex facto jus oritur.
> Le dommage doit être réparé.

Je vous supplie de présenter un projet de loi tendant à accorder aux habitants et aux propriétaires de la ville de Lyon, victimes des affreux événéments d'avril 1834, une nécessaire indemnité (*).

(*) 27 février 1835, rejet par la Chambre des Députés. (*Moniteur*, p. 28.)
MM. les Députés avaient oublié que l'Empereur, par un décret spontané du 11 juillet 1804, avait accordé une indemnité à la ville de Lyon pour les maisons démolies en l'an II, réparant ainsi les maux d'une révolution que, étranger à Louis XVI, il n'avait pas excitée.

Ou la conduite tenue par le gouvernement est un crime, ou elle est un bienfait.

Si elle est un crime, il doit le réparer.

Si elle est un bienfait, une indemnité est due par ceux à qui les événements ont été profitables.

S'ils ont été utiles à la Nation, Elle doit s'en reconnaître en venant au secours des infortunés sacrifiés pour Elle.

S'ils ont été utiles à la Dynastie actuelle, Elle doit payer l'avantage qu'elle en a retiré.

S'ils ont été utiles à la Nation et à la Dynastie, toutes deux doivent contribuer à réparer des pertes auxquelles, sans doute, Elles ne voudraient pas devoir gratuitement leur conservation ou leur agrément.

Je suis avec respect,

Messieurs,

Votre très-humble
et très-obéissant serviteur

VERNAY.

Licencié ès lettres,
Avocat à la Cour d'appel de Paris.

M. LE DUC D'ISTRIE

A M. VERNAY.

Paris, le 3 janvier 1834.

Monsieur,

J'ai déposé sur le bureau de la Chambre la pétition que vous m'avez fait l'honneur de m'adresser. J'ai tout lieu de penser qu'elle aura été inscrite sous un des premiers numéros.

Je suis heureux, Monsieur, d'avoir secondé, autant qu'il était en mon pouvoir, les généreuses intentions que vous exprimez si bien. Comme vous, j'ai voué à l'époque glorieuse de l'Empire ce culte du souvenir, qui se joint dans mon âme à celui de la reconnaissance.

Veuillez agréer,

Monsieur,

l'expression de la considération la plus distinguée, avec laquelle j'ai l'honneur d'être votre tout dévoué

LE DUC D'ISTRIE,

Pair de France.

A M. LE DUC D'ISTRIE.

Paris, le 3 janvier 1834.

Monsieur le Duc,

« Il ne peut y avoir que de la gloire à être fidèle à ma mémoire ! » a-t-il dit. — Aussi le Peuple entoure-t-il toujours de son respect ceux qui, comme vous, Monsieur, témoignent hautement leur reconnaissance, en même temps qu'il punira, au moins, déjà de son mépris, les riches misérables souillés d'ingratitude, ce hideux mensonge du cœur.

Je vous remercie et de votre empressement à déposer

mon humble pétition pour le rappel de la famille de l'Empereur, et de votre politesse envers moi.

Je suis avec respect,

Monsieur le Duc,

> votre très-humble
> et très-obéissant serviteur
> VERNAY.

M. LE DUC D'ISTRIE

A M. VERNAY.

J'ai pris, Monsieur, les renseignements que vous désiriez au sujet de la pétition que vous m'avez remise. Elle est inscrite sous le n° 14, et je pense, sans pouvoir fixer le jour, qu'elle sera une des premières soumises à la discussion de la Chambre.

J'ai l'honneur d'être,

Monsieur,

> avec la considération la plus distinguée,
> votre tout dévoué
> Le duc d'ISTRIE.

Paris, ce 17 janvier 1834.

A M. LE DUC D'ISTRIE.

Paris, le 17 janvier 1834.

Monsieur le Duc,

Je vous remercie de vos complaisances parlementaires. Il faut espérer que la haute Chambre daignera s'élever au niveau du sol national, retentissant d'un nom que la reconnaissance populaire et l'effroi des Rois ne peuvent oublier. Bossuet a dit que le règne de Charlemagne était la fin des siècles anciens. Que dirait-il du règne de l'homme de l'univers! Vous savez quelle célébrité ont acquise les **Pairs** de Charlemagne. Les siècles futurs rediront la gloire des maréchaux de son successeur. Heureux s'il n'eût pas aussi rencontré les descendants de la maison de *Gannelon*, si féconde en félonies ! Mais le bonheur est-il de ce monde? Puisse le vôtre, Monsieur, être une longue et pure exception !

Je suis avec respect,

Monsieur le Duc,

votre très-humble
et très-obéissant serviteur

VERNAY.

A M. LE DUC D'ISTRIE.

Paris, le 25 janvier 1834.

Monsieur le Duc,

Je vous remercie et de l'embarras que vous avez bien voulu prendre, et des renseignements que vous m'avez fait l'honneur de m'adresser.

Hier, seulement, à l'audience, on m'a annoncé, et le soir j'ai cherché et vu dans les journaux, que je lis de décade en décade, l'ordre du jour de la Chambre des Pairs, parallèle élevée du système gouvernemental ac-

tuel, mais bien différent de l'ordre du jour populaire
fait, comme les grandes majorités, pour s'incliner (les
nations en sont témoins et victimes) devant les minori-
tés organisées dans l'intérêt de qui s'en est mêlé. Le
temps et l'avenir forment l'éternité des grands souvenirs,
tandis que les minutes créent et jettent dans le néant les
éphémères sans mémoire.

Je respecte et le silence solennel de l'auguste assemblée, et le Qu'en pensez-vous? de la commission, et la
pénible taciturnité à laquelle les grands cœurs ont à regret condamné leurs voix nobles et courageuses, ef-
frayées de leur désertion d'un écho devenu et resté citoyen du pavé national. — (V. IV, p. 57 et 75 *.)

Cependant, honorablement chargé de présenter au
premier corps de l'État des pétitions semblables à la
mienne, au nom d'agrestes habitants, forts de sentiments, parce qu'ils ne sont pas usés à force d'être po-
lis, j'invoque l'axiome qui dit : De même que la reconnaissance nourrit la reconnaissance, de même, semer un
bienfait, c'est s'engager à en semer d'autres. Voilà
pourquoi, je vous prie, Monsieur le Duc, de déposer au
secrétariat de la haute Chambre *les pétitions campagnardes, ci-annexées*, comme nous disons dans notre
patois du palais (*).

(*) Cette expression : *pétitions campagnardes*, prédisait ce merveilleux
voyage de Louis-Napoléon en 1852, cette admirable Élection Populaire, cette
universelle et magnifique acclamation, cette reconnaissance spontanée, affectueuse, enthousiaste, incomparable privilége des deux Napoléon, et, avant
eux, inconnue dans l'histoire ; cette vraie, cette seule légitimité créée, dictée,
ordonnée par la grâce de Dieu, inspirateur de la volonté nationale ; sacre réel,
le plus désirable, et le plus beau et le plus saint, qui puisse établir, assurer,
conserver le DROIT D'UN PRINCE A L'EMPIRE, et au devoir de faire régner la
Vertu.

Mais ces pétitions toutes françaises furent encore rejetées par la Chambre

Je suis avec le ton du cœur et du respect,

Monsieur le Duc,

votre très-humble
et très-obéissant serviteur

VERNAY.

A M. VERNAY.

Monsieur,

J'ai déposé aujourd'hui même les pétitions que vous
avez bien voulu me confier. Le grand nombre d'ins-

des Pairs, le 27 février 1834 (*Moniteur*, p. 433), sur le rapport d'un académi-
cien dont le talent, justement admiré, n'eut pas même la liberté de faire
voir que

Il n'est point de serpent ni de monstre odieux
Qui, par l'art imité, ne puisse plaire aux yeux.

Es giebt keine Schlange, keine so entsetzliche Mißgeburt,
Welche, von der Kunst nachgeahmet, dem Auge nicht gefallen kann.

There's not a monster bred beneath the sky
But, well dispos'd by art, may please the eye. (Dryden.)

Car une haute et fâcheuse influence le condamna à adapter à ces pétitions le
bref, terne, sec et dur rapport du 22 janvier précédent, auquel il a dû néces-
sairement préférer ceux de M. Merlin et de M. d'Harcourt, des 22 février 1834
et 9 avril 183c. — (V. p. 16 et 48 *.)

M. le général comte Exelmans, couvert des derniers lauriers de 1815, pro-
testa vainement contre un nouveau massacre de pétitions citoyennes. —
« Messieurs, dit-il, je m'oppose à l'ordre du jour, et je prends la parole pour
« vous dire la peine que j'éprouve à voir accueillir avec une telle indifférence
« des vœux si souvent et si généralement exprimés par nos concitoyens en fa-
« veur de la famille de l'Empereur. — Cependant, je vois dans cette enceinte
« bien des personnes qui ont, soit dans la guerre, soit dans l'administration,
« puissamment contribué à la gloire et à la prospérité de l'Empire. Il en est
« plusieurs, si je ne me trompe, qui ont eu à se louer de la munificence de son
« Chef. »

criptions et de rapports à faire ne me permet pas de vous faire connaître leur numéro d'ordre et le jour de la discussion. Aussitôt que j'aurai des renseignements à ce sujet, je m'empresserai de vous les transmettre.

Veuillez recevoir l'expression de ma considération la plus distinguée,

votre tout dévoué

LE DUC D'ISTRIE.

Paris, 29 janvier 1834.

A M. VERNAY.

Monsieur,

J'ai reçu hier la lettre que vous m'avez fait l'honneur de m'écrire, et les *huit pétitions* qu'elle contenait.

Aussitôt que la commission se réunira, je m'empresserai, veuillez le croire, Monsieur, de les lui présenter, et de les appuyer autant qu'il me sera possible de le faire.

J'ai l'honneur d'être avec une considération distinguée,

Monsieur,

votre très-humble
et très-obéissant serviteur

EXELMANS.

9 août 1834.

A M. DUPIN,

PRÉSIDENT DE LA CHAMBRE DES DÉPUTÉS.

Paris, le 15 janvier 1834.

Monsieur,

Le talent se doit au malheur : aussi espéré-je que vous appuierez la pétition par laquelle je demande le retour en France de la famille de Napoléon le Grand.

Je suis avec respect,

Monsieur,

votre très-humble
et très-obéissant serviteur

VERNAY.

A M. BIGNON,

DÉPUTÉ.

Paris, le 15 janvier 1834.

« *Je lègue* 100,000 *fr. à M. Bignon ;* je
« l'invite à écrire l'histoire de la diplomatie
« de 1792 à 1815. »
Testament de NAPOLÉON.
(*Épigraphe de l'ouvrage de M. Bignon.*)

Monsieur,

Le legs de l'Empereur, le souvenir populaire, la reconnaissance nationale vous ordonnent d'appuyer ma pétition pour rendre à la famille de Napoléon et les droits civils et le retour en France.

Un autre motif encore : il vaut mieux parler en faveur de l'infortune imméritée que d'aduler le hasard du pouvoir ou le pouvoir du hasard.

Je suis avec respect,

Monsieur,

votre très-humble
et très-obéissant serviteur

VERNAY.

A M. LE COMTE DE LAS CASES.

Paris, le 27 janvier 1834.

Monsieur,

Le respect de l'étranger, humble, obscur, ignoré, se plaisait à vous offrir, à votre insu, les menus objets de consommation utiles à votre maison. C'est vous qui le dites dans votre *Mémorial*. Jugez de la reconnaissance de la nation, si vous appuyez et obtenez le triomphe d'une pétition où je réclame que les droits de cité soient rendus à une famille qui n'a ni allumé la guerre civile, ni hypocrisé, ni conspiré héréditairement.

Le silence de la Chambre des Pairs est bien défavorable (je ne dis par pour elle, cela m'est interdit comme plaideur), mais pour le gouvernement philippien. Car il est l'involontaire et taciturne écho d'une terreur haute et solitaire.

Sophistes de la frayeur, qui ne comprennent pas cette

argumentation : « Ou l'on est fort, et la présence de maint et maint n'est d'aucun danger ; ou l'on est destitué d'avenir, et l'absence de tel ou tel ne remplacera pas ce futur, cette durée incompatible avec son essence. » — Est-ce l'absence des Napoléon qui a empêché les Bourbons de tomber du trône? « Il n'y a que de la gloire à être fidèle à ma mémoire! » a-t-il dit. — Cette gloire, cet honneur se sont réfugiés sous le chaume, sous la mansarde, dans la loge du portier, triste et endolori spectateur de la désertion du maître, esclave plongé dans la servitude du pouvoir, de l'argent et de l'orgueil. — Ah! si l'opprobre de l'ingratitude est une épreuve, que d'enrichis, d'anoblis, d'illustrés, de tirés de la boue par le créateur impérial doivent se féliciter de la gloire future en cette vie, ou plus tard, que leur promet une multiple et intense initiation à l'infamie!

Vous, Monsieur, qui n'avez besoin d'aucune épreuve, vous qu'entourent de nobles souvenirs ; vous, Monsieur, qu'accompagne partout la vénération populaire, magnifique reflet de votre fidélité au malheur, à la vertu, au génie, vous répondrez à l'estime affectueuse qu'Il avait pour sa famille en parlant en faveur de ma pétition pour Elle, dans une Chambre qui se dit l'organe du Pays. — (V. V, p. 59.)

Je suis avec un respect de cœur,

Monsieur,

votre très-humble
et très-zélé serviteur

VERNAY.

M. LE COMTE DE LAS CASES

A M. VERNAY.

Monsieur,

Je m'empresse de vous remercier des diverses publications que vous avez bien voulu m'adresser, surtout de votre consultation sur des objets qui me touchent si particulièrement.

Je suis bien touché et demeure très-flatté de tout ce que votre lettre contient d'agréable pour moi.

Vous ne vous trompez pas dans le zèle et l'ardeur que je porterai en faveur de la pétition qui concerne la famille de Napoléon. Mais pour parler moi-même, c'est une autre affaire. J'ai le malheur de ne pouvoir prendre la parole, et serais dans l'obligation de faire lire par un autre ce que j'aurais écrit (*) ; mais je m'en repose sur

(*) Aveu honorable et imprévu ! Mais, au reste, La Rochefoucauld, si vertueux, si chevaleresque, si grand écrivain, troublé, interdit à la vue d'un auditoire, incapable même de lire seulement quatre lignes en public, ne refusa-t-il pas, à cause de cette timidité relative, d'entrer à l'Académie, si riche en infériorités. Et Cicéron ne dit-il pas de lui-même : « In me ipso sæpissime experior ut « exalbescam in principiis dicendi, et tota mente atque omnibus artubus con- « tremiscam. » Ah! généreux Las Cases, vos laborieuses études, votre savoir profond, immense, votre amour du grand et du beau vous avaient mérité du suprême dispensateur cette hardiesse de sentiments, cette éloquence du cœur, cette admirable énergie de style, préférables et supérieures à ces bruyants arsenaux de paroles égoïstes, creuses et vides, vrais cris de cigale

> Dont la gloire n'égale
> Que la gloire de la cymbale
> Qui d'un vain bruit frappe les airs.   (*Racine.*)

M. de Las Cases a eu l'honneur de plaider dignement la cause d'une magnanime infortune au tribunal des rois, assez affligés de ne pas dire comme César : « Tu l'emportes ; la haine et l'empire souverain ne peuvent te résister ! »

les dispositions de plusieurs de mes collègues, dont j'entourerai et presserai la bonne volonté.

Veuillez bien agréer, Monsieur, l'assurance de ma considération.

LE COMTE DE LAS CASES.

Passy, 1er février 1834.

A M. LE MARQUIS DE LA FAYETTE,

DÉPUTÉ.

Paris, le 31 juin 1834.

Vétéran et constante espérance des patriotes,

Olmütz, 1815, 1830, la grande voix populaire et votre publique et honorable confession de ne devoir faire que des combinaisons conformes aux intérêts et aux vœux de la nation (*), vous rappelleront les héroïques souvenirs auxquels se rattache ma pétition pour le rappel en France des parents de Napoléon; pétition,

— Mais, repoussé par les dieux bornés et instantanés de la terre, M. de Las Cases a été accueilli par le Dieu du ciel, toujours favorable à l'éloquence réelle des bonnes et généreuses actions. — Quel souvenir ! quelle espérance pour un fils !

(*) L'autorité souveraine, suprême, universelle, royale, n'est qu'une émanation de l'omnipotence populaire qui crée les gouvernants, les rois, non dans leurs intérêts de famille, privés, mesquins, étroits, avares et ambitieux, mais dans le sien propre. « *Ut enim tutela, sic procuratio reipublicæ ad utilitatem eorum qui commissi sunt, non ad eorum quibus commissa est, gerenda est.* » — Cicéron, *de Officiis*, I, 25; éd. d'Olivet, Padoue, VI, 50; Lemaire, XIII, 116; Leclerc, XXVII, 353. — (*Fénelon, Massillon, Napoléon.*)

Est-ce devant les témoins de sa naissance inattendue qu'un gouvernement oserait revendiquer des abus que foudroierait justement la puissance législative des pavés du sein desquels il s'est élancé à l'improviste, inconnu, inaperçu, inexistant qu'il était la veille ou le jour du combat, dont il a pourtant recueilli les principaux fruits ?

. . . .

L'enseignement est la communication, la culture de la pensée, cet exercice immatériel de la vie; de la pensée, dont la suprême indépendance en révèle la

déjà, à la haute Chambre, rejetée par un *mezzo termine* dont je n'ai pas non plus le sévère procédé de rechercher et de qualifier la nature. Quant à la date, c'est celle de l'ingratitude et de l'antinationalité. On se conserve dans la permanence de courtisanesques cajoleries et de l'orgueilleuse servilité, de même qu'on se rappellera (chronologiquement) ses défections passées, présentes et futures. Hélas! toute réminiscence morale s'abîme dans la pensée pécuniaire, et l'on reste invariablement de multiples carnets d'échéance et d'ambulants trébuchets.

Quant à vous, Monsieur, que la nature doua d'une infinie incompatibilité avec le culte incarné du mensonge et de l'or, car vous êtes celui de la vertu, pour être fidèle aux grandes inspirations de votre belle âme,

céleste origine et la puissance créatrice. Excitateur universel, elle rattache le passé au présent, prévoit, scrute, combine l'avenir, allume le flambeau de l'amitié où les torches de la haine. Méditant sur notre nature, notre essence, notre destinée, elle prépare et la connaissance du bien et du mal, et notre direction sur cette terre d'épreuve. Dès lors, dépositaire spécial des utiles ou vaines leçons de la haute sagesse, sa transmission est un devoir nécessaire, inviolable et sacré. Voilà ce qui prouve la liberté naturelle de l'enseignement..... Empêcherait-on le père de donner à l'enfant cette seconde existence qui transforme la raison en sagesse; l'ami, de resserrer les liens de l'humanité par l'expansion, la communication de la pensée, de l'âme, cette semence divine dont l'homme, par une nécessité impérieuse et providentielle, doit multiplier les germes précieux? Néanmoins, l'examen du bien et du mal, motif de tout enseignement, peut présenter quelques abus; individuels, par la pernicieuse application de fausses doctrines; nationaux, par leur opposition aux convenances de l'agrégation sociale..... La liberté et l'unité nationales sont fondées sur la liberté et l'unité de l'enseignement, cette successive et perpétuelle révélation humaine. Espérons qu'elle ne subira jamais ces entraves odieuses qui arrêtent seulement la marche et le bonheur de l'humanité, sans affermir les trônes fondés sur l'ignorance et l'esclavage.

(Paris, 21 juin 1831, *consultation de M.* VERNAY *pour M. l'abbé Lacordaire, MM. de Coux et de Montalembert.* — 1831, imprimerie de Paul Dupont; — l'*Avenir*, 30 juin 1831.)

vous devez appuyer ma pétition pour la famille de l'Empereur aux noms de l'infortune imméritée, de la justice et de la pensée nationale.

Cent mille proscrits ont été rendus à leur patrie par l'Homme de l'univers. Et vous aussi, vénérable citoyen des deux mondes, refuseriez-vous à ses parents l'appui de votre autorité? C'est celle de la vertu soutenant l'innocence et le malheur. Puis, le stoïque aveu d'une erreur exige aussi, comme réparation fractionnaire, que, si l'impure émanation de l'argent et de l'assassinat s'est élevée sous les ailes de l'aigle de la morale, elles doivent au moins couvrir d'une juste protection la famille du grand Homme qui disait et faisait comme vous, « *Je jouis d'avoir pour pouvoir donner!* » — (*Napoléon I*er. — *Du Perfectionnement moral*, Degérando, I, note de la page 321.) — « J'aime les biens, parce qu'ils donnent moyen d'en assister les misérables. » — (Pascal, *Pensées*, IIe partie, art. XVII, § 84.) — Quant à moi, je jouis de votre bienveillance et de votre amour pour la vérité par l'avantage, si généralement dédaigné, de ne vous flatter qu'en vous tenant un langage qui respire la sincérité, de même que tel ne respire que l'amour de prendre et de garder.

Je suis avec respect,

  vénérable député,

    votre très-humble
    et très-obéissant serviteur

      VERNAY.

A M. MARCHAL,

DÉPUTÉ.

Paris, le 22 décembre 1833.

Pas une voix amie ne s'est élevée en notre faveur lors de la loi d'exil. — UN SEUL DÉPUTÉ, M. Marchal, éleva une voix qui demeura impuissante. — (V. VII, p. 67.)
Souvenirs de S. M. la Reine de Hollande, mère de S. M. l'Empereur Napoléon III.

Monsieur,

C'est être fidèle à son mandat de député que d'exprimer les pensées, les vœux de la nation. Or, la nation n'est pas plus représentée par les quelques-uns, connus ou inconnus, nommés ou innommés, que la matière périssable ne représente l'intelligence et l'universalité de l'infini. « Ils sont quelques-uns, dit le marquis de Vauvenargues, qui se sont dit : Il n'y a que nous de bonne compagnie; et l'on a eu la sottise de les croire. » Monsieur, on ne les croit pas, on en gémit, et comme hier le disait le *janitor* d'un haut et puissant personnage, « Le peuple est fort, il finira par le sentir et le prouver. » — Et, en attendant, il a dans le cœur la haine de l'injustice, de l'ingratitude et de la proscription, apanage déplorable légué par deux révolutions royales à la famille de l'Empereur. C'est donc, Monsieur, être fidèle à son mandat de représentant national et à vous-même, que de parler hautement en faveur des débris dispersés par la grande tempête qui a brisé la puissance matérielle de la France.

Votre dialectique, votre immixtion avec le peuple, votre amour de la justice et de la liberté pour tous me font espérer que vous voudrez bien appuyer ma pétition obscure : obscure, à cause de l'oubli où la Providence m'a caché. Sans nom, je suis au moins sans tache; les noms ont trahi la patrie et l'Empereur; les inconnus leur sont restés fidèles. — (V. p. 75.)

Je suis avec respect,

Monsieur,

votre très-humble
et très-obéissant serviteur
VERNAY.

A M. DUPIN,

PRÉSIDENT DE LA CHAMBRE DES DÉPUTÉS.

Paris, le 15 mars 1834.

Savant et spirituel orateur,

Je vous prie d'appuyer le bon côté de la proposition de M. Dubois-Aymé, relative à ma pétition pour la famille de Napoléon le Grand, et d'en demander l'extension.

Le culte des souvenirs se doit plutôt au despotisme du génie, de la grandeur et de la liberté qu'à celui de l'avarice et de l'infamie. Aussi aimé-je à me dire avec sincérité,

Éloquent représentant de la puissance oratoire,

votre très-humble
et très-obéissant serviteur
VERNAY.

A M. DUBOIS-AYMÉ,

DÉPUTÉ.

Paris, le 15 mars 1834.

Monsieur,

Au moins avez-vous eu l'honneur de faire une proposition à l'égard de ma pétition en faveur de la famille de Napoléon le Grand!

Que si elle est incomplète, c'est plus la faute du malheur des temps et de l'erreur générale de tout ce qui a un caractère politique que ce n'est la vôtre. — (V. VI, p. 62.)

Puis, il vaut mieux faire une tentative de justice inachevée que de se souiller d'une proscription odieuse à tous et favorable seulement à quelques-uns; encore favorable pour un temps plus ou moins court; car la grande justice nationale aura aussi ses assises et ses jours de haute et puissante représentation. — Probablement le juste-milieu y jouera, comme sa destinée l'ordonne, un triste rôle. — Le vôtre, Monsieur, est honorable(*); votre conscience vous le dit plus haut que tous

(*) Les esprits justes et généreux regretteront de n'avoir pas entendu M. Dubois-Aymé, et de ne pouvoir lire, que dans le froid *Moniteur*, le chaleureux discours où il stigmatise ceux qui ont porté les armes contre la France, les permanents solliciteurs de Pilnitz, les criminels alliés de Brunswick. — « *Lorsque « le drapeau tricolore a reparu, si* Napoléon *eût encore été vivant, « l'auriez-vous laissé expirer sur son rocher?* — (Vive interruption.) — *Ne « l'auriez-vous pas rappelé?* — (Voix nombreuses : Non, non!) — *Bona-« parte à vos yeux était donc un criminel!* » — (Longue rumeur.....) — Avec quel feu M. Dubois-Aymé dardait des éclairs et *versait des torrents de lumière* sur ses stentoréens, discordants et beuglants interrupteurs réduits aux abois. — *(Aux voix! aux voix! aux voix! aux vois!)* — Mais, malgré ses

— 42 —

les éloges, et même que tous les cris discordants des corbeaux qui vivent de cadavres.

Je suis avec respect,

Monsieur,

votre très-humble
et très-obéissant serviteur

VERNAY.

A M. MARCHAL,

DÉPUTÉ.

Paris, le 15 mars 1834.

Monsieur,

Votre conviction nationale, votre inspiration patriotique appuieront le bon côté de la proposition Dubois-Aymé, et feront en même temps sentir aux sensibles, honorables et honorés, leur indignité à l'égard des Napoléon.

nobles efforts et ceux de MM. Briqueville, Clausel et Teulon, sa proposition est rejetée. — (*Séance* du 29 mars 1834, *Moniteur*, p. 746.)

Que pouvaient le cœur, la raison, la Patrie contre ces inébranlables Spartiates de la loi du 10 *avril* et du 7 *août*, auxquels ces inflexibles, ces invariables, ces magnanimes Léonidas ont prouvé un dévouement immortel, impérissable, aux Thermopyles du 24 février?

Ὦ ξεῖν', ἄγγειλον Λακεδαιμονίοις, ὅτι τῇδε
Κείμεθα, τοῖς κείνων πειθόμενοι νομίμοις.

(Σιμωνίδης.)

Dic, hospes, Spartæ, nos te hic vidisse jacentes,
Dum sanctis patriæ legibus obsequimur.
(Cicéron, *Tusculanes*, I, 4, éd. d'Olivet; Padoue, IV, 425; Lemaire, XI, 55; Leclerc, XXIV, 112.)

Ils mangent les ventrus, et ne détablent pas!

Malheureux! qui trahissent leur juste effroi! La matière craint l'intelligence; la lâcheté, le courage; l'infamie, la magnanimité. C'est dire que tous ceux qui vous
connaissent vous estiment.

Je suis avec respect,

Monsieur,

votre très-humble
et très-obéissant serviteur

VERNAY.

A M. VIENNET,

DÉPUTÉ.

Paris, le 5 janvier 1836.

Monsieur,

Étranger personnellement et par ma famille à tous les
intérêts matériels créés depuis 1789, froissé seulement
par tous les contre-coups, fatals résultats de toutes les
grandes catastrophes qui ont pesé sur la France; exempt,
ainsi que les miens, de toute souillure d'argent, de trahison et de sang; n'ayant, ni mes parents ni moi, occupé aucune fonction publique de 1789 à 1815;
seul, constant défenseur en 1817 de la loi, de la justice
et du malheur, devant la sanglante cour prévôtale du
Rhône; ayant fait rentrer dans leurs familles un grand
nombre de prévenus et condamnés politiques, déplorables victimes de complots factices, organisés par d'insidieux provocateurs; ainsi, n'étant point dirigé par les
suites de position individuelle, de parenté ou d'alliance,

mais uniquement par des sentiments d'admiration, de reconnaissance et de nécessité nationales, j'ai présenté à la Chambre des Députés, entre autres, une pétition relative au jeune et infortuné Napoléon II. Enregistrée sous le n° 44, confiée à votre rapport, elle se recommande à votre bienveillance. — (V. p. 15, 51, 57, 76 *, 83 *.)

En dépit de quelques traîtres et de quelques hypocrites, le souvenir et du Père et du Fils est cher à la nation : je veux dire à la nation qui travaille, combat, paye et se résigne, tandis que d'autres, trop influents, sont oisifs, lâches, salariés et impatients d'une plus grande et plus injuste fortune. Dès lors, c'est être agréable à la nation que de lui rendre, au moins, les tombeaux de ceux qu'elle aimait et qu'elle espérait conserver. Le hasard ne le lui a point permis. — (V. XII, p. 50.)

Vous, Monsieur, que l'attachement le plus inaltérable et le mieux fondé rend pour toujours dévoué à l'inextinguible dynastie actuelle, vous ne refuserez pas de donner pour l'Enfant de la France un tombeau près de son berceau. Ce sera même une preuve, par analogie, de votre amour pour le roi des Français, cette vivante divinité de la patrie, et pour son auguste famille.

En 1809, la route de Sainte-Hélène ne semblait pas plus ouverte que celle des Tuileries au Roi que la France tout entière a choisi d'acclamation et d'amour pour lui devoir et son bonheur et sa grandeur. Or, ce qui est arrivé à un homme peut arriver à un autre. *Cuivis potest accidere quod cuiquam potest.* (Publius Syrus.) Κοινὰ πάθη πάντων ὁ βίος τρόχος, ἄστατος ὄλϐος. (Φωκυλίδης.) — Si donc les rois et les peuples étrangers, jaloux de la suprématie d'honneur et de félicité dont nous jouissons sous notre Louis-Philippe, venaient, par une combinaison cruelle de longs efforts et d'immenses trahisons, enlever à notre patrie, mais jamais à nos cœurs, l'illustre monarque, père de la grande famille, que chacun révère comme le soutien de l'ordre public, des fortunes particulières et des vertus chrétiennes, quel est le Français assez ingrat, assez ennemi de ses affections pour ne pas chercher un adoucissement à sa douleur d'une si lamentable calamité, en élevant, sous ses yeux, un tombeau au génie de la France éplorée et à ses nobles fils?

Je m'afflige, Monsieur, de cette épouvantable supposition ; « mais où est le trône qui ne soit pas près de sa « chute, et qui ne laisse craindre et un maître et une fin « tragique? Ne regardez pas ces révolutions comme « éloignées; une heure est quelquefois le seul intervalle « entre le trône et la fange! »—(*De la tranquillité de l'âme*, Sén., trad. de *Lagrange*, V, 79. — « Quod reg- « num est cui non parata sit ruina, et proculcatio, et « dominus, et carnifex? nec magnis ista intervallis di- « visa, sed horæ momentum interest inter solium et aliena « genua, γονυκλισία. » (*Valérien, — Sapor.*) — Genève, 1628, p. 667; éd. Lemaire, I, p. 331.

Pardonnez-moi, Monsieur, cette excursion dans vos domaines, et, revenant à mon sujet, laissez-moi vous prier d'être favorable à une pétition entourée de l'assentiment populaire.

Je suis avec respect,

Monsieur,

votre très-humble

et très-obéissant serviteur

VERNAY.

PÉTITION DE M. VERNAY

AUX DEUX CHAMBRES POUR LA SUPPRESSION DU SERMENT POLITIQUE.

Paris, 14 — 15 juillet 1834.

Messieurs les Pairs, Messieurs les Députés,

> « On amuse les enfants avec des hochets, et les hommes avec des serments. » — *Philippe* (Rollin, V, 482, éd. de Letronne, Didot) ; *Lysandre, Dénys* (Plutarque, XVI, 83, XVII, 170, éd. Didot).

> Pour livrer la Patrie à l'ennemi et disposer de la Nation malgré Elle, il s'est trouvé de hauts personnages, avilis par de nombreux serments et de multiples parjures, tandis que pour aider l'Étranger dans la spoliation du Musée il ne s'est pas rencontré de portefaix qui, pourtant exempts de serments, ont été fidèles à la dignité nationale et à la résignation humaine.

Je vous supplie d'abroger la ridicule et inutile obligation imposée aux citoyens électeurs, fonctionnaires, etc., etc., de prêter un serment (*), vaine garantie

(*) MM. les députés légistes, législateurs, religieux, portaient gravés dans le cœur les לא תשא את־שם יהוה אלהיך לשוא Οὐ λήψῃ τὸ ὄνομα Κυρίου τοῦ Θεοῦ σου ἐπὶ ματαίῳ, et les pieuses paroles de *Cujas* sur le Code, *de Rebus creditis et de Jurejurando*, IV, 1. « *Est enim jusjurandum* « *affirmatio religiosa* (Cicer., de Offic., III, 29) *qua scilicet pleraque affir-* « *mantur homines*, Deo immortali interposito, tum judice, tum teste. » (Cujas, *Naples*, 1768, t. II, c. 190, A.) — Aussi, le 24 février (*Moniteur*, p. 270, 3e colonne, in medio, 1835), malgré l'avis si connu de M. Portalis en 1791, ils ont rapidement repoussé la pétition ; et comme puissante, invincible sauvegarde contre la pensée, la haine, le mépris et les révolutions, ils ont conservé, dans toute sa force et dans toute sa pureté, le serment qui leur ins-

contre la pensée, la haine, le mépris et les révolutions. — Par égard pour les morts, et par pitié pour les vivants, je ne déduirai pas les preuves historiques de la honteuse inanité de ces serments, à peine assimilés, par l'opinion publique et par l'expérience, à la formule des lettres les plus indifférentes.

Je suis avec respect,

Messieurs,

votre très-humble
et très-obéissant serviteur

VERNAY,

Licencié ès lettres,
Avocat à la cour d'appel de Paris.

pirait tant de foi, d'espérance et d'amour. De même, leurs contemporains admirent ces nouveaux Papinien, Harlay, des Ursins, Potier, Dumoulin, Duranti, ces modernes et récents *impavidos ferient ruinæ,* dont le courage intrépide et salutaire a toujours opposé le vénérable rempart de leurs vertus et de leurs exemples aux envahissements de la corruption, comme aux avalanches révolutionnaires. — (V. p. 74 et 75.)

> Tels dans les murs de Rome, abattus et brûlants,
> Ces sénateurs, courbés sous le fardeau des ans,
> Attendaient fièrement, sur leur siége immobiles,
> Les Gaulois et la mort, avec des yeux tranquilles.　　　(*Voltaire.*)

> Fieles y acordos todos, contestaron
> Con un noble silencio; á la manera
> Que en los muros ardiendo y asolados
> De la sitiada Roma, alla otro tiempo
> Sus graves senadores, de los años
> Ya por el peso corvos, sin turbarse,
> En sus curules fixos aguardaron
> Fieramente los Galos y la muerte.
> 　　　(*D. Pedro Bazan de Mendoza.*)

> Dum *fracta illabatur* patria,
> *Impavidos* ditabant *ruinæ.* — (V. p. 73*, 74*.)

PÉTITION DE M. VERNAY

AUX DEUX CHAMBRES, POUR L'AMNISTIE.

Paris, le 12 décembre 1835.

Messieurs les Pairs, Messieurs les Députés,

Les condamnations politiques n'ont pas empêché que sur soixante seize empereurs romains, soixante-trois aient péri de mort violente. — Elles n'ont pas même conservé l'hérédité du pouvoir dans la famille régnante, et cela, malgré les adorations et les efforts intéressés des fonctionnaires publics d'alors.

Sollicitant votre initiative, je demande une loi patriotique et nationale, qui prononce une amnistie (*)

(*) L'amnistie fut aussi repoussée par MM. les Députés, après de longues et philosophiques méditations. — M. Sauveur-Lachapelle, organe de la commission, conclut au rejet de la pétition pour l'amnistie ; puis il s'exprima en ces termes : — « Les opinions que je viens d'émettre sont opposées à mes convic- « tions personnelles. » — (*Violents murmures..... Il ne fallait donc pas vous charger du rapport ! — Moniteur* du 7 février 1835.) — Dans la discussion, l'on allégua et les précédents, et le libre arbitre, et le droit du rapporteur, de soutenir en son nom une opinion contraire à celle de la commission de laquelle il avait été le fidèle interprète. — Ce vœu pour l'amnistie, cette preuve d'un esprit net et décidé doivent faire croire que M. Sauveur-Lachapelle aurait approuvé la dissidence qui, dans l'odieux procès fait à M. le maréchal Ney, engagea M. le maréchal Moncey, exempt néanmoins des devoirs de parenté et de reconnaissance, à se récuser sous l'affectueux prétexte d'une inimitié supposée ; ce qui le fit immédiatement destituer de son titre de maréchal, et condamner à trois mois de prison au fort de Bitche, par le Roi *Louis XVIII le Désiré*. — (Ordonnance du 29 août 1815, historiquement annotée par le savant Isambert, *Recueil des lois*, etc , 1821, vol. II, p. 343.) Heureux excitateur des grâces et adouci-sements accordés, en 1818, aux

universelle pour tous les faits politiques condamnés ou poursuivis depuis le 25 juillet 1830.

Je suis avec respect,

Messieurs,

votre très-humble
et très-obéissant serviteur

VERNAY,

Licencié ès lettres,
Avocat à la Cour d'appel de Paris.

condamnés par la sanglante cour prévôtale du Rhône, M. Vernay a toujours réclamé l'indulgence pour les victimes de l'erreur.

Quelle obstination sévère, sans nécessité, a pu faire refuser, par une chambre impolitique, l'amnistie, refusée aussi à son souvenir par le tribunal de l'histoire! — Une solidarité de faiblesse humaine, hélas! sollicite pour tous et le pardon et l'oubli. *Charitas est justitia inchoata.* (Saint Augustin.)

NOTES.

CONSULTATION.

(I, v. p. 2, 55, 57, 76 *.)

Restes d'un demi-dieu !

QUESTION.

Depuis la mort de NAPOLÉON II, *à qui appartiennent les armes de* NAPOLÉON LE GRAND?

RÉPONSE.

1° D'après le droit civil, à sa famille paternelle ;
2° D'après le droit naturel, à son vengeur.

Cet avis est fondé, entre autres, sur les faits et les motifs suivants :

En 1810, *Napoléon* éleva jusqu'à lui *Marie-Louise*, fille d'un empereur d'Autriche.

Cette union donna naissance au Fils unique du 20 mars, touchant objet d'allégresse, d'espérance et de regrets pour les peuples.

Aux jours néfastes, malgré elle entraînée par la trahison, la fortune quitta l'Empereur et la France. Les enrichis oublièrent, pour le moins, leur bienfaiteur ; mais la gloire et le fond de la nation lui sont restés fidèles.

L'archiduchesse d'Autriche s'éloigna de *Napoléon* et de son fils, *Napoléon II*, qu'elle abandonna à une continuité d'habitudes geôlières, historiquement constatées par la captivité et de *Richard Cœur de lion*, et de *Lafayette*, et d'*Ipsilanti*, etc.

Le 5 mai 1821, le fléau des despotes, l'homme des peuples expirait, disant : « France..... Ma femme..... Mon fils..... Tête..... Armée..... »

Peu auparavant, d'une main défaillante, il écrivait ces sublimes expressions d'une âme immortelle : « Je désire que mes cendres reposent sur les bords de la Seine, au milieu de ce peuple que j'ai tant aimé. Je recommande à *mon fils* de ne jamais oublier qu'il est *né prince français*, et de ne jamais se prêter à être un instrument entre les mains des triumvirs qui oppriment les peuples de l'Europe. Il ne doit jamais combattre, ni nuire en aucune manière à la France. Il doit adopter ma devise : *Tout pour le peuple français*..... Je lègue à mon fils :

« Mes armes, savoir : mon épée, celle que je portais à *Austerlitz*, le sabre de *Sobiesky*, etc., etc. Je désire que ce faible leg, lui soit cher, comme lui retraçant la mémoire d'un père dont l'univers l'entretiendra. »

4.

Il confie ces précieux objets à MM. Marchand et Bertrand, pour les remettre *à son fils* quand il aura seize ans.

Des couronnes de *Napoléon le Grand, Napoléon II* n'a reçu que celles du martyre, de la résignation et des regrets universels, à quelques individus près.

Il est dit (et nous n'osons le croire) qu'oublieuse des devoirs et d'épouse et de mère, on a osé enjoindre à M. *Marchand* de porter à un ambassadeur d'Autriche les armes sacrées de l'Empereur des Français.

Sur cette inconcevable irréflexion, M. *Marchand* sollicita l'avis de deux magistrats, célèbres jurisconsultes. Suivant ce dépositaire consciencieux, ces honorables interprètes du droit lui ont répondu que l'art. 737 *du Code autrichien* attribuant à la mère survivante l'héritage du fils mort sans enfant, les armes de *Napoléon* appartiennent à celle qui n'a su qu'épouser la grandeur du trône et répudier la majesté du malheur.

L'étrangeté de cette solution (de laquelle nous doutons fort) engagea M. *Marchand* à la soumettre à *Joseph Napoléon,* comme chef de la famille de l'Empereur.

Voici sa réponse à M. Marchand, si dévoué et si souvent nommé dans le testament de l'Empereur :

« Londres, 27 novembre 1832.

« Monsieur,

« Je reçois votre lettre du 20 : j'en apprécie autant que je le dois les intentions. Je ne partage point l'opinion des deux jurisconsultes que vous avez consultés. Il me paraît que le dépôt dont vous êtes chargé, se trouvant encore dans vos mains toutes françaises et toutes fidèles, doit y rester jusqu'à ce que le jour de la justice, luisant aussi pour la famille de l'Empereur, victime de l'ingrate oligarchie européenne, vous puissiez remettre ce dépôt à qui de droit. Ce n'est ni votre faute, ni celle de la France, si ce dépôt glorieux pour l'honneur français se trouve encore entre vos mains. Le malheureux *Astyanax* n'a pas eu la possibilité de recevoir ces derniers témoignages de l'affection paternelle. Sans doute il ne les a pas reçus. Était-ce donc l'intention de Napoléon que ces armes, ces trophées de la gloire française passassent entre les mains des ennemis de la France? Je me rappelle ses dernières paroles en quittant Paris, ses dernières lignes en s'éloignant de la capitale : « *Rappelez-* « *vous que j'aimerais mieux savoir mon fils dans la Seine qu'entre les* « *mains des ennemis de la France. Le sort d'Astyanax, prisonnier des* « *Grecs, m'a toujours paru le plus malheureux de l'histoire.* »

« *Napoléon* avait apprécié les ennemis de la France.

« Pouvait-il entrer dans sa pensée que *son fils mort dans la captivité,* sans avoir pu recevoir un mot d'aucun des membres de sa famille, ni se parer de l'épée de *Marengo* et d'*Austerlitz,* devrait, par sa mort, seulement, acquérir le droit de transmettre à des étrangers un dépôt qui appartient à sa propre famille, et dont la nation française pourra seule disposer, lorsque, rendue à elle-même, elle pourra briser les infâmes traités qui livrent encore aujourd'hui à la proscription la famille de *Napoléon* ?

« L'épée de *Marengo* et d'*Austerlitz* sera mieux dans les mains du général français qui remportera la première victoire signalée sur les ennemis de notre pays. Je lui céderai de bon cœur la part des prétentions que je pourrais y avoir, et je ne doute pas que tous les membres de la famille de *Napoléon* ne partagent ce sentiment. Chacun d'eux, ainsi que moi, pourrait seulement avoir l'ambition de concourir avec chaque Français pour obtenir un si glorieux trophée.

« Je pense donc qu'il ne faut pas juger par les lois civiles les différends qui doivent être déterminés par les lois politiques et les règles du sens commun. Gardez votre dépôt : vous le remettrez à l'autorité nationale française que le peuple souverain aura déléguée pour le représenter. Jusque-là, où peut-il être mieux qu'aux mains pures et loyales entre lesquelles l'*Empereur* lui-même l'a placé ?

« Rappelez-vous, Monsieur, qu'il vous a appelé son ami au bord du tombeau. Agissez comme j'agirais en votre place, et ne me faites jamais repentir de vous réitérer ici les sentiments de profonde estime et de tendre affection avec lesquels je suis bien sincèrement, etc.

Joseph-Napoléon BONAPARTE. »

Ces faits énoncés, passant à l'application du droit, il est certain que les lois de *France* et d'*Autriche* repoussent également une hostile et inexcusable prétention.

Les joies de mars 1811 et 1815, les espérances de vingt et un ans, prouvent tellement que *Napoléon II est né Français, a vécu Français, est mort Français,* qu'il serait ridicule de recourir à des cliquetis d'articles de Code civil pour démontrer et les droits qu'il avait, et les droits qu'il a laissés à sa famille paternelle.

Néanmoins, à ceux qui ne reculeraient pas devant le blasphème national d'appeler *Autrichien Napoléon II ! Napoléon II, natif de Paris, Français* par son père, par l'opinion, le souvenir, le regret des masses, et surtout par la captivité où le tenait l'effroi de son nom-principe, formule universelle, comme le père était la formule française, l'unité représentative de la patrie, le Peuple-Empereur d'un Peuple-Empire instinctivement convaincu que telle accusation de despotisme portée contre *Napoléon le Grand* n'est que la révolte de la matière contre l'intelligence ; à ceux qui s'inclineraient devant un article 737 de *Code autrichien,* favorable à une odieuse réclamation, le conseil soussigné rappellera les articles 177, 768, 769, 540, 542, 543, etc., de ce même code étranger.

L'article 177 enlève pour toujours la puissance paternelle aux parents qui négligent d'entretenir ou d'élever leurs enfants.

L'art. 769 repousse de la succession, exclut de la légitime, les parents qui ont négligé l'éducation de leurs enfants.

L'article 542 punit de même l'empêchement, la contrainte ou la suppression des dernières volontés.

L'article 540 déclare indigne de succéder quiconque a offensé le défunt dans sa personne, son honneur, ou même son père.

Or, celle qui, par fortuité, tombée sur le trône de France, n'a pas su justifier ce hasard, et accomplir son devoir de femme, de chrétienne et d'épouse,
en s'élevant courageusement à la sainte initiation d'un malheur auguste et
sacré; or, celle qui a oublié ce qu'elle devait au père de *Napoléon II*, et
dont le cœur n'a pas compris que l'énergique et constante protestation de sa
faiblesse, motivant naturellement le paternel et convoiteux envahissement de
ses États d'Italie par l'Autriche, pouvait aussi inquiéter les triumvirs oppresseurs, altérer leur sainte-alliance, et servir et les peuples, et son époux, et
son fils, et sa gloire; or, la mère qui a souffert que l'on emprisonnât l'enfant
du 20 mars dans un nom, un État étrangers, n'a pas été l'Andromaque de
notre *Astyanax;* ne l'a pas élevé comme le lui ordonnaient les lois naturelles et civiles (même les articles 89, 92 et 769 de son Code autrichien); elle a
donc offensé et le fils et le père.

A-t-elle donné ou suivi l'exemple de sa belle-sœur, l'admirable *Catherine
de Wurtemberg*, qui, bien que fille de roi, s'est conduite en femme, en
épouse, en mère? Après les Cent-Jours, on voulait qu'elle abandonnât son
mari, *Jérôme Napoléon*, blessé à *Waterloo*. Elle écrivit au roi de *Wurtemberg*, son père :

« L'époux que Dieu et vous m'avez donné et l'enfant que j'ai porté dans
« mon sein, composent aujourd'hui mon existence. Avec cet époux, j'ai par-
« tagé un trône; avec lui, je partagerai l'exil et le malheur. La violence seule
« peut m'arracher d'auprès de lui !.... Mes bras l'ont embrassé dans le mal-
« heur avec plus de tendresse que même au temps de son bonheur. »

L'épouse de *Jérôme Napoléon* a fait ce qu'elle a dit.

Digne princesse, soyez bénie entre toutes les femmes! Vous avez conservé
votre époux, vos enfants, votre propre estime et le respect dû à la vertu. Puis,
les joies du cœur et la gloire d'obéir à la nature valent bien la splendeur du
trône et l'éclatante contrainte de commander.

Ainsi, l'odieuse infidèle aux devoirs d'impératrice, d'épouse et de mère est
donc sans droit à la succession aux armes de Napoléon le Grand. Car, image
de la donation, la succession a pour élément l'affection, source de la paternité, de ses jouissances, et aussi de la quasi-paternité, l'adoption. Aimer, haïr;
sauver, ôter la vie, voilà les motifs de donation, de succession ou d'indignité.
Et par induction, venger ou négliger de venger la mort du défunt donne ou
ôte le titre et le droit d'héritier. L'amour, l'amitié, la reconnaissance forment,
conservent et suppléent la parenté, les liens de la nature. Laisser périr, assas-
siner, c'est sortir de la famille. Sauver, venger, c'est devenir ami, parent,
successible. — Ces indications suffisent : les anatomistes de la pensée, les
matérialistes du sentiment, les chiffreurs d'intérêts se chargeront du soin
arithmétique de chercher, d'indiquer, de numéroter les articles de lois qui
rendent hommage à ces idées universelles.

Un autre principe ressort de la lettre de *Joseph Napoléon*. Avec des conséquences diverses, il semble être adopté par quelques légistes.

S'ils reconnaissent l'empire de la loi, néanmoins ils veulent la soumettre au
droit politique, à la convenance.

A l'appui de cette thèse, il faudrait définir le droit politique, la convenance

en général, puis le droit politique relatif et individuel ; les établir dans le cas
énoncé, et surtout démontrer clairement au profit de qui sont ces convenances ; citer le texte obligatoire du droit politique allégué, afin qu'on ne
semblât pas décorer un intérêt individuel du titre d'intérêt général (suivant
une ancienne coutume, heureusement inconnue de nos jours) ; enfin matéria-
liser le mode d'exercice de ce droit, indiquer la procédure à suivre, au nom
de qui elle serait dirigée, devant qui et par quels officiers ministériels elle
serait faite, etc., etc.

Mais une convenance qualifiée droit politique, mais la vanité nationale ne
sont pas des motifs d'expropriation. En effet (comme *Napoléon* le recom-
mandait, en dictant à Schœnbrunn, le 22 septembre 1809, les éléments d'une
loi sur cette matière, publiés en 1829, vingt ans après ! par M. *Locré, Code
général*, p. 649, 650), opérée par un acte judiciaire seul, elle doit être fondée
sur l'utilité publique définie, constatée, prouvée, et non sur un agrément
quelconque. La vanité littéraire de la France ne pourrait pas plus ôter à la
famille de Racine la plume qui écrivit *Athalie*, soit pour l'offrir au roi des
poëtes d'un autre siècle, soit pour la placer dans un musée, que la bizarre
vanité de l'Angleterre ou le superstitieux caprice de *Guillaume*, après avoir
détrôné son beau-père, n'aurait pu, légalement, enlever à une succession la
plume avec laquelle *Cromwell* signa la mort de *Charles I*er, qui pourtant
n'était pas son parent. Et si l'une ou l'autre existe, peut-être s'est-elle retrou-
vée ou se retrouvera-t-elle comme l'anneau du jeune *Conradin*, ou comme l'épée
de *Charlemagne*, qui, dans les trois jours de Juillet, fut tirée par le peuple
contre les descendants de *Hugues Capet*, jadis, aussi en juillet (987), par
connivence et surprise, inopinément investi de l'héritage de l'autre grand
empereur dont *Napoléon* s'appelait le successeur immédiat.

Ainsi, la succession de *Napoléon II* ne peut être soumise au Code autrichien, ni à une convenance arbitraire et fantastique. Puisque l'enfant du
20 mars est né et mort Français, son héritage doit être réglé par les lois françaises, lois empreintes et du génie, et de l'avenir de la France, et de la liberté
du monde.

Paris, 20 mars 1833.

VERNAY.

Avocat à la Cour d'appel de Paris.

(1833, imprimerie de Herhan, 380, rue Saint-Denis.)

———◦———

(II, v. p. 51.)   **PROTESTATION**

DU PRINCE LOUIS-NAPOLÉON.

Londres, 9 juin 1840. — (9 juin 1850, discours
de l'Empereur Napoléon III à Saint-Quentin.)

Je m'associe du fond de mon âme à la protestation de mon oncle Joseph. Le
général Bertrand, en remettant les armes du chef de ma famille au roi Louis-
Philippe, a été victime d'une déplorable illusion. L'Épée d'Austerlitz ne doit

pas être dans des mains ennemies ; il faut qu'elle puisse être encore brandie au jour du danger pour la gloire de la France. Qu'on nous prive de notre patrie, qu'on retienne nos biens. — Qu'on ne se montre généreux qu'envers les morts ; nous savons souffrir sans nous plaindre, tant que notre honneur n'est pas attaqué ; mais priver les héritiers de l'Empereur du seul héritage que le sort leur ait laissé ; mais donner à un heureux de Waterloo les armes du vaincu, c'est trahir les devoirs les plus sacrés : c'est forcer les opprimés d'aller dire un jour aux oppresseurs : « Rendez-nous ce que vous avez usurpé !

LOUIS-NAPOLÉON. »

(III, v. p. 20, 22*.) *Ministère de l'instruction publique, cabinet du ministre.*

A M. VERNAY.

Paris, le 23 février 1835.

Monsieur,

J'ai reçu la lettre que vous avez bien voulu m'adresser pour me faire connaître celle que vous avez écrite à M. le Président du Conseil, en conséquence du renvoi que la Chambre des Députés lui a fait de vos deux pétitions, relatives à la *substitution de l'effigie de Napoléon* à celle de Henri IV sur la décoration de la Légion d'honneur, et à la *translation des restes de Napoléon* de Sainte-Hélène à Paris.

Agréez, Monsieur,

l'assurance de ma considération distinguée.

Le Ministre de l'instruction publique,

GUIZOT.

A M. VERNAY.

Paris, le 13 février 1835.

Ministère de la justice, division des affaires civiles et du sceau.
1er bureau, n° 5323 : B : 8.

J'ai reçu, Monsieur, le mémoire que vous avez adressé le 1er de ce mois, relativement aux deux pétitions par lesquelles vous avez demandé à la Chambre des Députés la *substitution de l'effigie de Napoléon* à celle de Henri IV sur l'étoile de la Légion d'honneur, et la *translation à Paris des restes mortels de l'Empereur.*

Recevez, Monsieur,

l'assurance de mes sentiments (! ! !).

Pour M. le garde des sceaux, et par autorisation,

Le conseiller d'État,
secrétaire général du ministère.

Signature illisible.

(IV, v. p. 29.)   VIVE L'EMPEREUR ! écho de la France, de l'Europe, et
des siècles à venir.

. . . .

« Les accusés, Messieurs, ont crié VIVE L'EMPEREUR ! »
(Le 30 juin 1832.) — (1852 !)

Ce cri, synonyme de Vive la gloire ! peut-il être nuisible au pacificateur de
l'univers ? Si l'Empereur vivait, si, s'élançant du fatal rocher, sur lequel une
longue agonie a réalisé la fable de Prométhée, il reparaissait en France, venant
redemander le monde, nous verrions ce que, à son approche, en 1815, sou-
haitait un honorable magistrat, un million de citoyens qui, les bras levés au
ciel, imploreraient sa puissance pour le roi chéri, pour le roi improvisé par des
députés qui ne s'en doutaient pas quinze jours auparavant, ni lors de leur
mandat. Et comme la voix de Dieu s'explique par la voix du peuple, l'universalité de la nation dirait à son héros :

« Satisfait de dominer toutes les illustrations de la terre, d'avoir réuni à la
gloire des combats celle de la législation, de l'éloquence, et celle plus difficile
encore et plus sacrée de l'infortune noblement soufferte, toi qui t'es immolé
pour la France, laisse-nous jouir du bonheur que répand sur nous notre
Louis-Philippe, notre *Louis-Philippe,* dont on a dit que l'éloge est sorti de
ta bouche à jamais retentissante. »

Et, Messieurs, si, du vivant de l'Empereur, les vertus du roi, la prospérité
générale rendraient inutile un souvenir isolé, un souhait solitaire, qui ne
seraient pas pour lui, quel danger son autorité bienfaisante peut-elle craindre
d'une phrase vague et morte, aujourd'hui que l'autre grand homme ne vit
plus que par la gloire et la reconnaissance du véritable peuple ?

Mais, Messieurs, une interjection, une vaine parole aurait-elle donc plus de
force et plus de criminalité que les faits qui perpétuent les héroïques souvenirs ? Les monuments élevés en France, en Italie, en Allemagne, les Rois créés
par sa parole, l'unité nationale, l'unité législative, fruit de son génie, les
hymnes retentissants du poëte, prophète politique, ne sont-ils pas bien au-
dessus du cri passager qui salue la mémoire de l'Empereur ? Et sous *Louis-
Philippe le Populaire,* commettrait-on la même faute, dans laquelle un
travers d'esprit, une jalousie littéraire, un accès de crainte jetèrent *Louis XVIII
le Désiré,* qui défendit, bien inutilement, de prononcer un nom que répéteront
tous les âges, que béniront tous les peuples, un nom auquel, un jour, les nations étrangères compareront impitoyablement ceux de leurs Princes.

« Peut-être pour trouver dangereux, et coupable dès lors, le cri de *Vive
l'Empereur,* l'appliquerait-on à son fils ! — Hélas ! le 30 juin 1832, le Roi de
Rome, n'ayant pour couronne que celle du martyre et de la résignation, était
près d'expirer entre son berceau et le buste de son père, tenant d'une main
défaillante l'immortelle épée. Les mystères politiques d'une mort prématurée
allaient bientôt réunir et l'immense gloire et les espérances des souvenirs. De
la légitimité napoléonienne il semblait ne plus rester que les regrets populaires. — Instabilité des choses humaines ! qui eût dit, il y a vingt et un ans,
que les cris d'admiration et d'allégresse deviendraient un jour des cris sédi-
tieux ? — Quelle leçon pour ceux que le hasard attache au pouvoir !

Ainsi, Messieurs, réjouissons-nous de ce que le Roi-Populaire n'a couru aucun péril résultant des exclamations imputées aux accusés. Songeons aussi que leur obscure position ne leur aurait pas permis de menacer, d'abattre, d'arracher la couronne de cet illustre Prince. Car, disent l'histoire et l'expérience, ceux qui renversent les trônes, ceux qui aspirent à la Royauté sont ceux qui ont le malheur de les voir de trop près, et qui peuvent, à leur gré, employer le double levier de la corruption et des richesses. — Par qui les successeurs de *Clovis* furent-ils chassés? Par ceux qui les approchaient le plus. Et encore cette odieuse spoliation ne semble s'excuser que par la naturelle disparition d'un Roi Fainéant devant le vainqueur des Sarrasins. Or, vous le savez, Messieurs, un bouclier est le premier trône de nos Rois. En effet, pour être digne de commander aux Français, il faut pouvoir les guider au combat. Mais, au reste, comme nous, toutes les nations méprisent les héros d'intrigue, et ne se donnent qu'aux chefs qui savent les défendre et les rendre heureuses. Lorsque la vraie, la seule légitimité reconnue par la voix populaire, celle du génie et de la gloire, parut directement éteinte par le poison qui fit périr le jeune descendant de l'empereur guerrier et législateur (l'illustre *Charlemagne*), par qui le trône fut-il usurpé contre les droits de celui qui naturellement représentait le grand homme (*Charles de Lorraine*)? par le prince qui, se disant naguère l'un des premiers sujets du monarque, abusa tout à coup de sa position, de sa fortune (qu'à la vérité il ne garda pas), et de l'erreur où son astuce jeta le conventicule de quelques vassaux et alliés, qui, sans consulter la nation, donna imprudemment le titre de Roi à ce riche comte de *Paris* et d'*Orléans* (*Hugues Capet*). — Plus tard, qui plongea *Charles VI* et la France dans l'abîme des guerres civiles? La coupable ambition du duc de *Bourgogne*, détestable émule des crimes du duc d'*Orléans*. — Depuis quarante ans, quels sont les auteurs de nos subversions? Ceux qui, haut placés, voulaient tout absorber au détriment du plus grand nombre; les mêmes, aux noms près, qui, successivement infidèles à tous les gouvernements et au pays, ne sont incessamment fidèles qu'à l'avidité, à l'égoïsme, à la bassesse. — Ainsi, les grands ont toujours été les auteurs des révolutions faites au préjudice des peuples. — Quels sont, au contraire, ceux qui forment, cultivent, enrichissent, aiment, défendent, sauvent la patrie? Les hommes des rangs les plus inférieurs selon l'orgueil, les plus hauts selon la vertu. — Lorsque la *Suisse* gémissait sous le joug de l'*Autriche*, la noblesse, comme partout, était le honteux et fier auxiliaire des oppresseurs. Quels furent ses libérateurs? Trois paysans. Et quand la liberté naissante semblait succomber sous une ligue impie, qui la sauva? Un inconnu jusqu'alors, *Winkelried*. Vous l'admirez, Messieurs, prêt à s'enfoncer les lances ennemies dans la poitrine pour ouvrir un chemin à ses compagnons d'armes, et nous le pleurons, quand il leur dit : « Ma mort va vous donner la victoire et l'indépendance ; songez à ma femme et à mes enfants. » Et, dans un temps plus près de nous, mais dont on s'éloigne rapidement, qui fit entendre ces héroïques paroles : *Je vais vous montrer comment on meurt !! !?* Un obscur ouvrier, désireux seulement, au moment suprême, de joindre un de nos grands souvenirs à son mémorable et

patriotique sacrifice. Où étaient alors ceux qui, depuis le combat, se sont ar-
rogé la victoire et se sont placés sous les trophées? — Les dangers de la
guerre, les assauts du besoin, le hasard des accusations, voilà ce que, dans
ses caprices, le sort injuste réserve aux nécessiteux, aux pauvres, aux hommes qui n'ont que du cœur et pas de nom. — Avouons cependant qu'au
milieu de ces agitations il leur laisse le repos de la conscience, et que, s'il
leur enlève et les chances et les soucis de l'ambition, il leur accorde la pureté
de l'espérance. Nous en partageons les douceurs avec les accusés, puisque
c'est vous, Messieurs les jurés, qui devez prononcer sur le singulier procès
que leur a fait M. le procureur général......................................

Votre aspect, Messieurs les jurés, nous fait saluer en vous la Nation Française qui, au milieu des orages destructeurs des races royales, surmonte tous
les dangers, se conserve grande et forte, destinée qu'elle est à instruire les
Peuples. Puissent-ils, plus heureux que nous, dans le cours inévitable de nécessaires révolutions, imiter nos succès, éviter nos fautes!

(*Fragment d'un plaidoyer de* M. VERNAY, *audience du* 10 *octobre* 1832,
cour d'assises de Paris. — 1832, imprimerie de Paul Dupont.)

(V, V. p. 34, 35 *.) M. LE COMTE DE LAS CASES.

La trahison venait d'immoler l'Empire français à la jalousie de quelques
Nains, par le hasard, élevés sur les fragiles piédestaux d'un pouvoir immérité.
La trahison leur livra l'Empereur.

« *Il part pour l'exil, pour un martyre continuel, pour la mort...,*
« *non la mort glorieuse et brillante de ceux qui succombent pour la*
« *patrie, non la mort plus douce de ceux dont la vie s'éteint au milieu*
« *des charmes du foyer domestique, mais une mort de consomption,*
« *lente et hideuse, qui mine sourdement, et conduit sans bruit et sans*
» *effort à un tombeau désert.*»

LAS CASES, MONTHOLON, BERTRAND ont remplacé son cortége de Rois.

« *Pourquoi m'avez-vous suivi, Monsieur? — Pour l'honneur de l'Émi-*
gration, » lui répond le comte de Las Cases.

Et l'histoire, prophète de la vérité, redira que sur *le Northumberland*,
à la suite de l'Empereur délaissé, trahi, martyrisé, l'honneur de l'émigration
brillait d'un éclat national, mais qu'à *Dresde*, *Pilnitz*, *Coblentz*, il n'y
avait que honte, infamie, sacrilége, sous des armes étrangères et parricides.
(Coriolan, Tarquin, Fimbria, Sertorius, etc.)

Une longue continuité de vertus et de belles actions nous fait aimer en
M. le comte Emmanuel de Las Cases de Saint-Hélène le vrai représentant
d'une famille illustre en Espagne dès le douzième siècle. Elle tient ce nom
des mains de la victoire qui, remportée, le 25 juillet 1139, sur cinq rois
maures, par Alphonse Henriquez, depuis conquérant de Lisbonne en 1147,
et fondateur du royaume de Portugal, donne au vaillant Las Cases *todas
las casas* aperçues du champ de bataille, de même que les vainqueurs des
Arabes, les Bivar, les Rodrigo Diaz et les envahisseurs de l'Amérique obtin-

rent des terres immenses comme prix de leur courage. Mais, supérieure à l'éclat terrestre et court de ces conquêtes sanglantes, s'elève, immortelle et céleste, la gloire innocente et pure de *Barthélemi Las Casas.*

A dix-neuf ans, apôtre de Jésus-Christ, il s'élance, avec son père et Christophe Colomb, à la recherche d'un monde inconnu, lui pour le roi du ciel, eux pour le roi de la terre, bientôt leur persécuteur. Il prêche cinquante ans l'Évangile aux Américains. Pour les arracher à leurs avides, rapaces, féroces oppresseurs, il brave, sillonne, traverse, passe, repasse, franchit souvent un océan immense et fécond en naufrages; plaide pour ces infortunés devant Charles-Quint; lutte énergiquement contre le chanoine *Sepulveda*, odieux apologiste du meurtre et de la spoliation; lui oppose victorieusement le zèle de la charité, le courage de la vertu, la force de la science, et l'impétueuse éloquence de son attendrissant ouvrage : *la Destruction des Indes*, traduit *aussi* dans toutes les langues; proclame, invoque, défend la liberté humaine contre un pouvoir égoïste, capricieux, et aspirant à détruire le droit divin des nationalités.

Enfin, après avoir longtemps, pour la consolation des affligés et le salut des âmes, exercé l'épiscopat, il se démet de ces charitables fonctions, méritées seulement par les élus du Seigneur, qui les appréhendent, les redoutent et les fuient, comme jadis saint Ambroise et saint Héliade de Tolède.

« *O Las Casas*, tu es plus grand par ton humanité que tous tes compatriotes ensemble par leurs conquêtes!.. Ton nom restera gravé dans toutes les âmes sensibles. Et lorsque les Espagnols rougiront des barbaries de leurs prétendus héros, assassins, destructeurs de peuples, bons, innocents et désarmés, ils se glorifieront de tes vertus. » — (Raynal, viii, § 23, livre remarquable, dans lequel, § 34, l'auteur prédit aux Espagnols la venue de Napoléon : « *By a humane conqueror the Spaniards should one day be compelled to abolish the inquisition.* » — *Engl. transl. By J. Justamond, Edinburg*, 1776, *vol.* II *p.* 365.

L'océan, témoin du dévouement et des périls de *Las Casas*, zélateur de la Foi et de l'humanité, devait être aussi témoin du péril et du dévouement d'un autre *Las Cases*, compagnon, ami, consolateur d'une grande et auguste victime. L'histoire léguera au respect de l'avenir la magnanimité du comte Emmanuel de Las Cases de Sainte-Hélène, *courtisan du malheur !!!* L'univers admirera le monument national élevé à la gloire de la France et de son héros sous ce titre modeste : *Mémorial de Sainte-Hélène.* Inspiré par le génie et l'amitié, traduit dans toutes les langues, הללוך כל-גוים שבחוה כל האמים. M. Las Cases a pu redire partout avec le panégyriste de Trajan : « *Incipio enim absolutum existimare de quo tam diversitate* » *regionum discreta judicia consentiunt.* » (Pline à Geminus, ix Ep. xi ; » Lemaire, tome II, 61.)

« *Votre amitié m'était nécessaire... Que de nuits vous avez passées* » *près de moi durant mes souffrances !.... Votre conduite à Sainte-* » *Hélène a été, comme votre vie, honorable et sans reproche, j'aime à vous* » *le dire. A votre retour en Europe, vantez-vous partout de la fidélité* » *que vous m'avez montrée et de l'affection que je vous porte..... Si vous*

» voyez un jour l'Impératrice et MON FILS, embrassez-les..... *Comme tout*
» *porte à croire que l'on ne vous permettra pas de venir avant votre*
» *départ, recevez mes embrassements, l'assurance de mon estime et de*
» *mon amitié : soyez heureux !*

» NAPOLÉON. »

Ces paroles et simples et touchantes prouveraient seules que M. le comte de
Las Cases pouvait, *avec sincérité*, s'appliquer ce vers si fameux :

L'amitié d'un grand homme est un bienfait des dieux !

L'estime, il la mérite, d'abord, par sa franchise, par son zèle dans les
hautes et nombreuses fonctions que l'Empereur confie à son talent, à son
austère probité. Certes, M. le comte de Las Cases n'eût pas écorné son
nom pour mendier des suffrages abusés par une lâche, basse et perfide
adulation. Certes, en des temps de trafic, il n'eût point, pour de honteux
bénéfices, *changé en rail ou lime de chemin de fer* sa glorieuse épée de
Flessingue, cette épée que ses ancêtres ont portée dans *le chemin de l'honneur*
à Poitiers (1356), Azincourt (1415), Castillon (1453), où elle concourut à
chasser de France un ancien ennemi.

L'amitié lui est bientôt acquise par les soins, les agréments, les aménités,
les délicatesses dont il entoure Napoléon malheureux, charmé de sa grâce, de
son esprit et de son savoir universel.

Le jour même de l'arrivée à Sainte Hélène, l'Empereur, après huit mois de
travaux, d'agitations, de vicissitudes, de combats, de luttes, de traverses,
d'embûches, de dangers, de fatigues, de lassitude et d'accablements,
éprouve la nécessité de la retraite et du repos. — Hélas! quel fut le premier abri du régénérateur de l'ordre moral et patriotique !

En dehors de James-Town, sur des rochers bizarrement entassés par le
caprice d'une nature âpre, abrupte, sauvage, se trouve un pavillon étroit
appartenant à un habitant de l'île, M. Balcombe, connu par ses antécédents primitifs avec le prince régent d'Angleterre. Napoléon demande ce
petit pavillon pour asile. A peine le lit de camp d'Austerlitz peut-il y
entrer ! Ceci rappelle, naturellement, que l'un des poëtes historiographes de
Louis XIV, dans le récit de la campagne de Gand où ce grand roi arriva le
4 mars 1678, étant parti de Saint-Germain en Laye le 7 février, dit de
*Sermaise : « Vilain lieu ; le fauteuil du Roi pouvait à peine tenir dans
sa chambre ; »* et d'Aubigny, *« que le Roi dîna dans une abbaye, et
fit jaser un moine pour se divertir. »*

M. de Las Cases, et son digne fils, à peine âgé de seize ans, couchèrent à
la porte de l'Empereur, sur un matelas, dans un cabinet de sept pieds au
plus!.. Ils étaient là comme des sentinelles placées par l'amitié, le dévouement et le respect !

Que faisaient alors les sénateurs, les maréchaux, les ducs, les princes
créés par la toute-puissance impériale? — Dormaient-ils dans leurs *lits de
duvet ?* — Daignaient-ils dire : Un dieu nous a fait ce doux loisir. — Dormaient-ils sans regrets, sans remords, sans crainte, en pensant à leur
bienfaiteur, à leur nouveau maître, à leurs rivaux de faveur et de puis-

sance ? — Bardés, enveloppés d'égoïsme et d'argent, leur sommeil et leur cœur avaient-ils la sérénité des Las Cases, tous deux resplendissant de fidelité au malheur, et justement entourés du respect populaire, hommage seul vrai, seul durable? — Quels sont les plus grands, les plus heureux au tribunal et de leur conscience et du pays et de Dieu, Dieu qui, pour guider nos pas dans la vie et vers l'éternité, nous a donné la foi, l'espérance et l'amour ?

VERNAY.

(VI, v. p. 41.)

ERREUR DES PRÉTENDUS POLITIQUES.

1815, 1830, 1848, 1851 prouvent l'imprévoyance, l'incapacité, l'impuissance de presque tout ce qui a un caractère politique. Le 24 février, à midi, aux Tuileries, la Couronne et ses Conseillers ignoraient l'existence des barricades, ce berceau imprévu de la royauté expirante. Le 12 mars, à Berlin, à Vienne, etc., etc., MM. les savants politiques félicitaient les princes de ce que leur sagesse et la juste adoration de leurs sujets inspiraient aux bonnes populations allemandes une invincible horreur pour les révolutions. Et même, les permanents instigateurs des anciennes coalitions contre la France espéraient la livrer encore à une nouvelle croisade européenne, déterminée par les troubles que, depuis près de dix-huit ans, ils avaient préparés dans toutes les capitales. N'ayant rien appris, ayant tout oublié, ils se croyaient encore au temps où quelques misérables, trop influents dans le cabinet des souverains, dont ils trompaient la vertu, la prudence et les intérêts, couvrirent la terre d'un voile funèbre, et firent couler des fleuves de sang, pour y puiser furtivement quelques millions, avec lesquels ils se sont présentés, riches de crimes, au tribunal de Dieu. Ces génies de déprédation et de mensonge avaient-ils dit à leurs maîtres, involontairement entraînés dans une guerre impopulaire contre l'Empereur et la France, que c'était provoquer toutes les catastrophes qui depuis ont troublé les deux continents? Et quel doit être le regret de ces excellents princes, quand dans leur conscience et leur gratitude ils se disent : « Abusés, nous avons ex-
« cité nos peuples contre Napoléon, qui nous avait conservé nos trônes, et
« c'est un Napoléon, son neveu, son représentant, qui nous a sauvés de l'orage
« où, sans lui, nous périssions tous et sans retour ! »

C'est donc avec raison que, en juin 1851, nous disions à nos amis :

Aujourd'hui la plupart des hommes qui s'occupent de politique s'égarent malheureusement. Loin de penser à la patrie, ils ne songent qu'à eux-mêmes et à leur prétendu parti, comme soutien de ce qu'ils croient leurs intérêts personnels. C'est ainsi que l'égoïsme de quelques-uns a jeté la France dans une suite de bouleversement fatals qui ont ébranlé les deux hémisphères.

Ces révolutions eurent pour causes principales, d'abord l'injustice de quelques privilégiés qui ne voulaient point contribuer aux charges, aux impôts du pays obéré; ensuite la coupable ambition d'un Prince qui, trop près du trône de Louis XVI, employa, pour le saper à son profit, le double levier de la corruption et des richesses.

Plus tard, les conventionnels se disputèrent le pouvoir et la terreur.

Napoléon seul établit l'ordre, l'autorité, l'unité nationale. Par une haute pensée de fusion et de compassion, il combla de bienfaits ceux qui avaient été et les causes et les ennemis et les victimes de nos premières commotions politiques. Leur reconnaissance le dégagea des vaines grandeurs de la terre pour l'élever à celle du martyre. Ses conquêtes et ses dépouilles, ils se les partagèrent avec *leurs alliés*, coalisés pour détruire, en faveur d'un petit nombre, le vrai droit divin des Peuples ; mais leur œuvre rétrograde fut renversée en 1830, au souvenir, aux espérances du nom de Napoléon.

Néanmoins, une expectative soit prochaine, soit éloignée du trône, (*Expressions du duc d'Orléans-Égalité à l'Assemblée nationale le 24 août* 1791.) une prudente et cauteleuse prévision, une suite patiente de manœuvres héréditaires, colorée de *politique expectante*, avait placé à l'affût celui qui profita de la chute des Bourbons, en répétant le *Sic vos non vobis mellificavistis apes* de la fable, *l'Ane et les deux Larrons*. Et 219 députés, sans mandat, renouvelèrent pour Louis-Philippe la conduite calculée du conventicule de quelques vassaux et alliés, qui, aussi en juillet (987), et de même, sans consulter la nation, donna imprudemment le titre de roi au riche comte de Paris, *Hugues Capet*. Ainsi les deux prétendues légitimités rivales, celle de la maison de Bourbon et celle de la maison d'Orléans, toutes deux séparées et de fait et de nom, au moins par le 21 janvier 1793, ne sont fatalement que le résultat d'intrigues de palais, sans avoir l'avantage et l'honneur d'être le vœu de révolutions nationales. — (P. 58 et 68)

Quelle différence entre ces deux introuisations conspirées, subreptices, inattendues, et les grandes acclamations populaires par lesquelles quatre millions de citoyens en 1804, et six millions de citoyens en 1848, ont donné aux Napoléon, les vrais élus de la France, la seule légitimité primitive, volontaire, rationelle et réelle. L'histoire et la logique l'attestent également. Cette élection, unique dans les annales du monde, doit fermer l'abîme des révolutions, pour nous servir des expressions de Louis XVIII le Désiré.

Une inquiétude vague, mais réelle, préoccupe tous les esprits ; *chacun demande au présent des gages de sa durée*. La nation ne goûte qu'imparfaitement les premiers fruits du régime légal et de la paix. Elle craint de se les voir arracher par la violence des factions ; elle s'alarme de leur ardeur pour la domination ; elle s'effraye de l'expression trop claire de leurs desseins. Toutes les craintes, tous les vœux indiquent la nécessité d'une garantie nouvelle de repos et de stabilité. Le crédit en attend le signal pour s'élever ; le commerce pour étendre ses spéculations ; la propriété pour recouvrer sa tranquillité, sa valeur, ses produits. Enfin, pour être sûre d'elle-même, pour maintenir le rang que, suivant l'intérêt général, la France doit occuper dans la grande république universelle, comme dit Fénelon (*Examen de conscience sur les devoirs de la Royauté*), elle a besoin de mettre son existence et son organisation politique à l'abri de secousses d'autant plus nuisibles qu'elles ont été et pourraient être plus fréquemment répétées.

Tous les citoyens, indistinctement, quels que soient leurs habitudes, leur direction, leur état, ont donc un intérêt actuel, futur, matériel, moral, religieux, à une stabilité égale au moins en durée à celle de l'empire national, de la restauration Bourbonnienne ou de l'usurpation Orléaniste. Il est donc immoral, criminel, périlleux pour la situation de chacun de se livrer à de coupables efforts, à des tentatives, même par inertie, à des espérances de renversement du pouvoir déféré par six millions de Français, justement désireux de combler l'abîme creusé par les insatiables favoris d'une aveugle prospérité matérielle.

Et que de calamités successives enfantées par nos bouleversements depuis soixante années! Les fortunes privées détruites, la fortune publique altérée, diminuée, incertaine, l'agitation des esprits, la fièvre presque universelle de l'ambition, le mépris du travail, l'impatience de grands et rapides bénéfices, la soif des plaisirs, le dédain de la vie de famille, l'aversion de tout devoir, de toute règle, de toute supériorité, l'avidité du changement, cette funeste loterie de l'existence, enfin le progrès dans la barbarie!

Ah! Français, vous, les maîtres du monde par l'exemple, garantissez-vous de cette contagieuse frénésie d'anéantissement social. « La France a plus besoin de moi que je n'ai besoin d'elle, » disait Napoléon inspiré par la prévision de son génie. Tous deux ont été victimes d'immenses catastrophes; mais si elles ont sanctifié le régénérateur de l'ordre, elles ont livré à la corruption le pays désormais sans chef et sans guide moral. Ces douloureux souvenirs et de déplorables expériences ont nécessité la grande invocation populaire du 10 décembre.

Le Prince Louis-Napoléon Bonaparte, par ses discours, par sa conduite, a réalisé le mot fabuleux prêté à Philippe-Auguste avant la bataille de Bouvines. Et au-dessus des rois qui n'étaient, pour la plupart, que des personnalités couronnées, l'unique mobile de la conduite du Prince Louis-Napoléon Bonaparte, a été l'avenir moral de la France.

Que l'on compare l'expression de son âme avec les paroles purement personnelles des divers aspirants au pouvoir :

« L'incertitude de l'avenir fait naître bien des appréhensions en réveillant bien des espérances, dit-il dans son Message du 12 novembre 1850. Sachons tous faire à la patrie le sacrifice de ces espérances, et ne nous occupons que de ses intérêts. Si, dans cette session, vous votez la révision de la Constitution, une Constituante viendra refaire nos lois fondamentales et régler le sort du pouvoir exécutif. Si vous ne la votez pas, le Peuple, en 1852, manifestera solennellement l'expression de sa volonté nouvelle. Mais, quelles que puissent être les solutions de l'avenir, entendons-nous afin que ce ne soit jamais la passion, la surprise et la violence qui décident du sort d'une grande nation.

« Inspirons au peuple l'amour du repos, en mettant du calme dans nos délibérations; inspirons-lui la religion du droit, en ne nous en écartant pas nous-mêmes; et alors, croyez-le, le progrès des mœurs politiques compensera le danger d'institutions créées dans des jours de défiances et d'incertitudes.

« Ce qui me préoccupe surtout, soyez-en persuadés, ce n'est pas de savoir qui gouvernera la France en 1852 ; c'est d'employer le temps dont je dispose de manière à ce que la transition, quelle qu'elle soit, se fasse sans agitation et sans trouble.

« Le but le plus noble et le plus digne d'une âme élevée n'est point de rechercher, quand on est au pouvoir, par quels expédients on s'y perpétuera; mais de veiller sans cesse aux moyens de consolider, à l'avantage de tous, les principes d'autorité et de morale qui défient les hommes et l'instabilité des lois.

« Je vous ai loyalement ouvert mon cœur ; vous répondrez à ma franchise par votre confiance à mes bonnes intentions, et Dieu fera le reste. »

Si l'antiquité grecque ou romaine nous avait légué ces magnanimes paroles, de quels cris d'admiration elles eussent été saluées par tous les siècles qu'elles auraient traversés ; et qu'elles justifient bien le choix de la nation qui ne connaissait le Prince Louis-Napoléon Bonaparte que par son nom, son courage et sa captivité !

L'immense pouvoir donné par six millions de citoyens, cette véritable procuration générale, illimitée dans l'esprit de ses votants, en a-t-il usé pour lui, pour ses anciens amis ? — Non. — Il a voulu, il veut la vraie fusion, l'unité nationale que lui seul peut donner à la Patrie. — A-t-il connu la susceptibilité humaine qui éloigne les antagonistes pour s'entourer d'éléments sympathiques ? — Non. — Au contraire, dédaigneux des instigations étroites d'une prudence vulgaire, et malgré d'immenses clameurs, il s'est confié presque exclusivement et avec préférence entière de choix et de faveur à ceux qui l'avaient combattu, emprisonné, condamné, renié, trahi, calomnié. Il a cherché, appelé, conservé, accepté pour collaborateurs, toutes les expériences, toutes les capacités, tous les mérites divers, réels, présumés, supposés, recommandés, accourus, sans s'inquiéter de leurs opinions connues, avouées, prétendues, conjecturées, de leurs anciennes traditions à son égard, de leur conduite, de leurs habitudes adverses. — Et comme le disait un journal d'une de nos plus importantes cités, le 20 novembre 1850, cinq jours après la publication par lui du Message à l'Assemblée nationale, dans lequel Louis-Napoléon, chef du pouvoir, fait un magnanime appel à la concorde, à toutes les intelligences pour le bien-être du pays, toute l'administration n'est-elle pas occupée, remplie et toujours complétée par les souvenirs, la survivance d'un passé étranger, pour le moins, aux Bonaparte, tellement que si le pouvoir échappait à Louis-Napoléon Bonaparte, ses successeurs indiqués ne trouveraient dans l'ancienne administration que d'anciennes espérances à conserver, à récompenser, bien que sans affection, comme l'ont prouvé le 24 février et ses suites.

Mais de ces misérables, étroits et froids intérêts officiels qui se sont perpétuellement maintenus sans sauver aucun chef de gouvernement, passons à ceux de la nation. Quel bénéfice lui apporterait la disparition du Prince Louis-Napoléon Bonaparte ? — Troubles, guerres intestines, guerres étrangères, nouvelle ruine, et ruine irréparable. — Guerres intestines, puisque chaque cabale se targue mensongèrement d'avoir pour soi et la force et le nombre. — Guerre étrangère, comme conséquence de celle de 1792.

Quel avantage les soi-disant partis obtiendraient-ils de l'éloignement du Prince Louis-Napoléon Bonaparte ? La fraction la plus forte, ou la plus favorisée par le hasard, comme au 30 juillet, lors des 221, ou comme au 24 février, exclusive par sa nature, ses répugnances, ses cris de guerre, écraserait ses adversaires pour exploiter et pour assurer sa victoire, ou, pour mieux dire, son succès.

Les prétendus légitimistes prendraient leur revanche de vingt-trois ans de défaite.

Les orléanistes, s'il pouvait en être, se rappelleraient l'origine et les auxiliaires dits légitimistes depuis vingt ans, donnés au 24 février, dans une tout autre espérance.

Les dictateurs, s'intitulant républicains, qui veulent la république uniquement pour eux et à leur profit, car ils en mettent le nom, la dénomination au-dessus de la volonté nationale ; qui veulent la liberté d'être maîtres souverains, absolus, sans contrôle ; qui veulent l'égalité dans les soumissions qu'ils exigent ; qui veulent la fraternité dans leur sans gêne suprême avec tous ; ces dictateurs triomphants, par une complicité dupée et par une récidive inattendue, n'accorderaient aucune grâce aux soi-disant légitimistes déçus, ni aux prétendus orléanistes abusés.

D'autre part, quel que soit le victorieux dans cette guerre d'intrigues et d'égoïsmes, les vaincus continueraient toujours contre lui une guerre sourde et incessante, fatale soit à eux-mêmes, soit à leurs adversaires, et surtout à la patrie.

La France serait donc livrée de nouveau aux agitations calmées jadis pendant cent quarante années, depuis la majorité de Louis XIV jusqu'aux dernières années de Louis XVI. Ainsi, nous verrions se continuer les complots, les agitations, les émotions, les factions, les séditions, les perturbations, les subversions, les révolutions immorales, corruptrices, dévastatrices, exhumées, renouvelées, créées, semées, multipliées par Philippe-Égalité, pour renverser son parent, auquel il ne succéda que sur la terrible et fatale place de la Concorde. Croyons qu'à son heure suprême, pensant à son immense fortune donnée par Louis XIV, tristement augmentée par la Régence, dissipée en conjurations, il n'a pas souhaité à cette fortune déplorable une résurrection rapide par centaines de millions, et moins encore le trône pour ses fils ! Croyons que dans un élan de repentir et d'amour paternel son âme s'est écriée : « Dieu de clémence, épargnez à mes enfants la douleur de voir couronner en eux les crimes de leur père. Ne les condamnez pas, à cause de moi, aux grandeurs du monde, qui les priveraient de la lente et salutaire épuration du malheur. »

Et cette pensée vraie reçoit une nouvelle force dans le danger qui menacerait la morale et les intérêts de tous les peuples, si leur faiblesse coupable regardait comme un titre à les gouverner une parenté, une filiation conspiratrice et perverse, une longue succession de trames ambitieuses, hypocrites, ténébreuses, de crimes réfléchis, astutieux, savants, de déprédations rapaces, dévorantes et avares ! La politique, ce lien national, n'est que l'art de rendre les peuples heureux, en leur enseignant la vertu, la vertu qui seule donne et assure la liberté particulière et la liberté publique, quels que soient d'ailleurs le nom et la forme du gouvernement.

Honneur donc au Prince Louis-Napoléon Bonaparte, qui supplie même les esprits d'égoïsme et de personnalité « de s'élever au-dessus des passions, d'inspirer au peuple l'amour du repos, la religion du droit, » et dont le seul désir politique « est de consolider, à l'avantage de tous, les principes d'autorité et de morale qui défient les hommes et l'instabilité des lois. » (*Message du Prince Louis-Napoléon Bonaparte, du 12 novembre* 1850, à l'Assemblée nationale.)

Ainsi la sagesse gouvernementale du Prince Louis-Napoléon Bonaparte, la nécessité générale et particulière de sécurité individuelle, de conservation et d'état, et de propriété, et de travail, et de position, et de commerce et de morale privée et universelle, et de religion, rendent indispensable une révision, une amélioration qui donne au Prince Louis-Napoléon Bonaparte le temps nécessaire pour achever l'œuvre de réédification sociale confiée par le peuple français plein d'espérance dans le courage, l'abnégation et le dévouement de l'élu du 10 décembre, qui, aux capricieuses faveurs de la fortune, préfère et les applaudissements de son cœur généreux, et les applaudissements de la conscience publique.

VERNAY.

(VII, v. p. 39.)

> PAS UNE VOIX AMIE NE S'EST ÉLEVÉE EN NOTRE FAVEUR! Cette indifférence a doublé l'amertume de notre bannissement.
>
> (SOUVENIRS DE S. M. LA REINE DE HOLLANDE, MÈRE DE S. M. L'EMPEREUR NAPOLÉON III. — (P. 323.)

Affligeant et modeste regret d'une âme généreuse, sensible et délicate! — PAS UNE VOIX AMIE!!! — L'AMITIÉ s'était donc résignée au silence! — Volontairement? — Impossible! — Par crainte? — de nuire à l'accroissement de sa fortune? — L'AMITIÉ n'est pas spéculatrice. — Nonobstant, sans intérêt, sans espérance, sans motif personnel ou de famille, des cœurs généreux, toujours étrangers, toujours inconnus aux affections, aux bénéficences napoléoniennes, ont néanmoins immolé leur avenir à une pensée de nécessité nationale.

Mais quel danger condamnait à une déplorable taciturnité les enrichis par la grandeur impériale? — La crainte de la mort? — Un élan d'amitié, de reconnaissance, de sentiment populaire devait-il donc être soudain frappé par la hache acharnée, infatigable, et adroite, du célèbre czar, décapitant, avec une habile rapidité, les strélitz soumis, qui, humblement, venaient recevoir, à genoux, une bénigne et prompte mort de ses mains souveraines et généreuses? — Mais, au nom de la nation, de l'honneur et de la justice, M. Marchal, député, s'est opposé à la loi d'exil des Napoléon. — Et pourtant, M. Marchal a vécu ; il a vécu libre, au grand jour de sa conscience et de l'estime publique : cependant que les ingrats, alors silencieux, jadis et toujours loquaces et rapaces quémandeurs, ont rampé, esclaves lâches et méprisés, dans la fange des faveurs et des emplois immérités. Immérités ! car pour le bonheur des peuples, pour la paix des États, pour la gloire et la stabilité des princes, les honneurs, les dignités, les emplois devraient être l'apanage exclusif et spécial des hommes dont *la vie privée honnête est la seule garantie réelle d'une vie publique honnête.* Aussi Cromwell et les censeurs à Rome *chassèrent, avec justice, du sénat, les hommes de mauvaises mœurs.* — Exemples malheureusement inutiles aux gouvernants, qui, au lieu d'appeler à leur aide l'immuable vertu, préfèrent et croient acheter sûrement, avec les trésors de l'État, les mobiles et odieux transfuges : marché dangereux qui sollicite, enhardit, ré-

5.

compense le crime, discrédite la probité, outrage la morale, chasse la justice, étouffe la nationalité, suscite la rapine, le pillage, l'incendie, impitoyables destructeurs des peuples corrompus et des pouvoirs dépravés. Les quatre grands empires de l'antiquité, leurs monuments merveilleux, leurs cités immenses, leurs populations innombrables, n'ont péri que par les mauvaises mœurs. L'Italie, l'Espagne, seraient florissantes sous une bienfaisante unité, l'empire français n'eût point succombé sous la trahison, si, constamment, l'on avait imité l'armée de Scaurus, campée trois jours dans un verger sans y prendre un seul fruit.

La Moscovie et la Turquie auraient une tout autre position respective et européenne, si, en 1711, aux diamants de *Catherine, Ballagi Méhémet* eût préféré la prise du czar, cerné, enfermé sur le Pruth par les Ottomans victorieux. L'histoire, oracle inécouté, nous répète sans cesse que, suivant l'impulsion de l'honneur ou du vice, la circonstance la plus indifférente en apparence remue les princes, les armées, le monde entier. « Si le nez de Cléopâtre eût été plus court, toute la face du monde aurait changé. » (PASCAL, 1, IX, 46.)

PAS UNE VOIX AMIE ! — En est-il pour le malheur? — L'empereur d'Allemagne, exempt de danger, même d'appréhension, refusa néanmoins un asile au prince Alexis, son beau-frère, fils de *Pierre le Grand,* aussi tendre père que *Philippe II.* — Et chacun ne sait-il pas que *Henri le Grand, Henri IV,* empereur d'Allemagne 44 ans, éprouvé dans 66 batailles, détrôné par son fils à l'instigation du pape *Pascal II,* est mort de misère à 50 ans, après avoir inutilement sollicité de *l'évêque de Spire une place de chantre et un asile au temps de Pâques?*

(*) *Au temps de Pâques!* Ces mots rappellent aussi à chacun que le *jeudi saint,* 2 avril 991, pendant que le roi de France *Charles I*er (fils de *Louis IV,* roi de France, et frère et successeur légitime du valeureux *Louis V,* mort par le poison le 21 mai 987) accomplissait ses devoirs religieux dans la ville de Laon, sa résidence, *l'évêque Asselin, son secrétaire, son confident, son ami,* ouvrit, la nuit, les portes de la ville assiégée à *Hugues Capet,* révolté contre son roi, et lui livra l'infortuné *Charles I*er, surpris, puis enfermé dans une tour à Orléans, où, trois ans après, il reçut, naturellement, la visite de la mort.

L'évêque Asselin, excité par l'exemple de papes qui destituaient des rois, des empereurs, pensa pouvoir utilement, à leur instar, créer une légitimité royale en faveur du *riche comte d'Orléans et de Paris, Hugues Capet,* déclaré roi à Noyon, le 5 juillet 987, par l'indifférence achetée de quelques vassaux et alliés, sans mandat, quarante-cinq jours après la mort violente de Louis V; sans l'assemblée des états, qui n'auraient pas pu être convoqués en si peu de temps, et, encore moins, sans l'assemblée générale de la nation.

La révolte de Hugues Capet, l'empoisonnement de Charles, le renversement et le partage de l'empire de Charlemagne, voilà le berceau d'une prétendue légitimité de droit divin, d'une folle obstination qui, oublieuse que mieux vaut être un sage qu'un roi, se targue d'avoir le droit exclusif, incommutable de gouverner le pays, contre lequel sans cesse on sollicite une détestable et sanglante invasion.

La pensée populaire a-t-elle créé cette intronisation conspiratrice, insurrectionnelle, antinationale, semblable d'ailleurs à la plupart des autres dans tous les pays, dans tous les siècles?

(*) Il était réservé à la France, cette institutrice du monde, de proclamer les desseins de Dieu, *gesta Dei per Francos*, par l'exercice politique du libre arbitre. Le besoin de stabilité, la dignité humaine et civique se sont unis pour donner aux EMPEREURS NAPOLÉON le plus grand, le plus beau témoignage d'estime, de reconnaissance et d'affection. Sept fois, les votes individuels leur ont conferé la plus haute et la plus respectable magistrature de l'univers. Espérons que ces magnifiques et puissantes acclamations forceront au silence l'égoïsme et l'orgueil réduits à des vœux parricides, à de honteuses et coupables alliances, mais, enfin, dépouillés de leur pouvoir abusif et de leurs espérances antinationales.

Honneur au peuple français, auquel l'intelligence du cœur a donné l'intelligence de ses droits, de sa force et de ses intérêts.—Félicitation à ceux qui ont été fidèles à *la justice de l'avenir et à la vérité!* — Indulgence aux égarés. — Mais *souvenir prudent que l'offenseur et l'inférieur en sens moral ne pardonnent jamais à l'offensé ni à leur supérieur.*

Et malgré la justice et la pensée nationale, *Pas une voix amie ne s'est élevée en notre faveur, lors de notre exil!* s'écrie douloureusement *la Reine de Hollande.*

Ainsi les princes (*malheureux*) se plaignent de n'avoir pas d'amis!

Que de catastrophes évitées si, grands et glorieux, ils s'étaient fortifiés par les puissants et doux secours de l'amitié, cette verité du cœur, cette conseillère pure, discrète, fidèle, toujours inspirée par la vertu qui la fait naître et la conserve. Grâce à son origine céleste, elle offre sympathie, stabilité, confiance, désintéressement : — et sans désintéressement, point d'amitié (mais égoïsme, calcul, perfidie, trahison), puisque image, complément de l'amour de soi, l'amitié fait d'un ami un autre soi-même.

Die Tugend, die Tugend kettet Freundschaften, und versiegelt sie. Denn in ihr liegt Uebereinstimmung des Characters, in ihr ausdauernder Sinn, und der Freund ist ja unser anderes Ich.— Τί ἐστι φιλός; ἄλλος ἐγώ. (Ζήνων.)— Τί ἐστι φιλός; μία ψυχὴ δύο σώμασιν ἐνοικοῦσα. (Ἀριστοτελής.) — V'andrem Patroclo ed io per vendicarti. — La touchante histoire de Damon et Pythias excite l'admiration, le désir, même chez Denys le Tyran, d'avoir de tels amis, et le regret de n'avoir pas reçu du ciel cette grandeur d'âme, cette force active de dévouement, de mutuelle assurance, de joie intime et d'appui extérieur, auxquelles Jésus-Christ nous a tous conviés par ce mot divin : « *Aimez votre prochain comme vous-même.* »

« La amistad es diligente, sincera, piadosa, alegre et deleitable, fuerte, su-
« frida, fiel, prudente, longanima, varonil, y nunca se busca à sí mísmo, por
« que cuando alguno se busca à sí mísmo, luego cae de la amistad. El que no
« esta dispuesto à sufrirlo todo, y a hacer la voluntad del amigo, no es digno
« de clamarse amigo. Conviene al que ama abrazar de buena voluntad todo lo
« duro y amargo, y no apartarse de el por cosa contraria que acaezca. » —
(*Imit. de Cristo*, III, 4.)

Heureux qui dans ces traits contemple ce qu'il aime !
Plus heureux si son cœur se reconnaît lui-même!

(CHARLES VERNAY.)

Monarchs, by forms of pompous misery press'd,
In proud, unsocial misery, unbless'd,
Would, but for hearth's gladness, curse their throne,
And, among crowed millions, live alone.

Mais est-il aisé à un prince de chercher, de trouver des amis ?
D'abord, pour Louis XV lui-même, fidèle à ses paroles galantes et légères :

I must allot one hour to thoughts of state,
Then all the smiling day is love and Zara's.

Jetzt eine Stund' an meines Reiches Geschäfte ;
Der Rest des Tags ist einzig dann Zairen.

D'énormes et multiples amas d'affaires absorbantes dévorent le temps d'un prince, forcé, matériellement, de s'en rapporter aux dépositaires de sa confiance. — Mais les a-t-il examinés, sondés, éprouvés, comparés, jugés, choisis, préférés? — *Surtout a-t-il pu interroger leur vie privée?* — Par qui? — et comment lui ont-ils été présentés ?— D'attentives, méditatives, contemplatives réflexions déterminent lentement le choix d'un bijou. — Un hasard subit donne un confident. — A *Sainte-Hélène*, l'Empereur disait avoir connu, trop tard, les preuves du réseau de trahisons jeté sur lui dès son retour à Paris, preuves que lui aurait produites, à temps, un compte fidèle des papiers trouvés aux Tuileries.

Ensuite, maître de tant de destinées, un prince rarement est maître de sa personne, de ses sentiments. Presque toujours, il est environné, entouré, cerclé de geôliers vigilants, inexorables, qui retournent, faussent, compriment, violentent ses affections, ses volontés. Presque toujours ses bonnes intentions succombent sous les alliances hideuses d'ambitions égoïstes, menteuses, perfides, coalisées pour tromper, exploiter, pressurer sa générosité. Californie vivante, il sera déserté quand il ne donnera plus d'or.

Certes, plus un prince est grand, plus il désire, plus il mérite des amis. Hélas! aux jours de puissance, malgré ses efforts et les traditions de *Plutarque*, il ne trouve que des flatteurs dévorants, conspirateurs permanents, incessants destructeurs de toutes les dynasties, de tous les empires. Jaloux de l'éminent mérite et des hautes qualités de leur maître, humiliés et écrasés de leur infériorité, géants d'orgueil, nains impuissants, formés de mensonge et de boue, armés de fausseté, ils cachent la vérité, rebutent la modestie, repoussent le zèle, insultent la probité, calomnient le dévouement, appuient des complices de trahisons antécédentes et futures, affichent la générosité, proclament l'indulgence, préconisent l'accord des contraires, exaltent l'union des antipathies, l'oubli, la fusion des hostilités, sanctifient l'hypocrite et impossible ralliement, prétendus fondateurs, soi-disant conservateurs, ubiquistes sauveurs, toujours prêts *aux éventualités d'un naufrage général,* par la certitnde, réciproque et garantie, de porter le drapeau mobile et odieux d'une impie et scandaleuse fortune, sur les ruines ensanglantées de la patrie ravagée et livrée aux barbares.

Mais ces souvenirs, d'un autre temps, sont effacés par l'ère nouvelle, inaugurée en décembre 1848-1852, destinée à *« conquérir les populations à la religion, à la morale, à l'aisance, abattre de faux dieux, et faire triompher les vérités nationales.* — Napoléon III *à Bordeaux*, le 9 octobre 1852.

(*) Ces sentiments naturels, nécessaires, seuls conservateurs des peuples et des princes, forment un admirable contraste avec la dissimulation, la perfidie, la trahison, le parjure, l'invasion prêchée de 1791 à 1814, et *depuis*, au nom du droit divin méconnu, blasphémé. L'indignation générale se rappelle la demande *d'un congrès européen appuyé d'une force armée;* les cadres des légions *d'Hippias*, de *Tarquin*, de *Coriolan*, sur nos frontières; les pressantes supplications aux rois étrangers *pour rendre au royaume son antique et immuable constitution, pour garantir leurs États en détruisant le germe de la contagion;* les démences de *Coblentz;* les traités de *Pilnitz;* les fureurs de *Brunswick;* les pouvoirs, le titre de maréchal, et les attentats de *Pichegru;* les nombreuses sollicitations aux armées, aux fonctionnaires publics, au Sénat (1, 14 avril 1814).— *Hartwell*, 1er février 1813; *Mittau*, 2 décembre 1804; *Ham*, en Westphalie, 28 janvier 1793; *Vérone*, 1795; *Blankembourg*, duché de *Brunswick*, 10 mars 1797, etc., etc., etc., et ces multiples commissions, conspiratrices souterraines, révoquées à Paris le 16 avril 1814, mais déclarées *remplies honorablement*, et dès lors terminées par l'accomplisseement de l'invasion; commissions permanentes, sans cesse existantes, où l'on dit continuellement : *« Dirigez les choix des fonctionnaires sur des amis de l'ordre et de la paix, qui puissent nous aider à ramener notre peuple au bonheur* (de nous voir revenir par l'assassinat, l'invasion et leurs suites édifiantes, prospères, heureuses et patriotiques!..). *Assurez des récompenses proportionnées à leurs services aux militaires de tous grades, aux membres de toutes les administrations qui coopéreront au rétablissement de l'autorité de la monarchie légitime, de cette sage et antique constitution, pendant quatorze siècles les délices des Français. »*

Les auteurs et *continuateurs* de ces instructions ignares et bizarres défendent aux Français, et aux autres peuples, de rien changer à ce que l'on dit avoir été fait en l'année 420. Oublieux, ils invoquent inadvertamment le suffrage populaire, qui les a toujours repoussés, et auquel, dès lors, ils préfèrent leur faux et prétendu droit divin. — « Sire, disait Massillon à Louis XV, la nation éleva vos ancêtres sur le bouclier militaire. » — (*Pharamond, chef guerrier, oui; mais Hugues Capet, usurpateur révolté, non !*) — « Ils durent le royaume au consentement libre des sujets, aux suffrages publics. » — (*Donnés quand? comment? et par qui?..*) « Comme « la première source de leur autorité vient de nous, les rois n'en doivent « faire usage que pour nous. »

Inutiles prédications!

Mais l'outrage au droit naturel, primitif, populaire, l'immoralité scan·
daleuse et corruptrice attirèrent justement sur leurs coupables auteurs les
foudres révolutionnaires.

« Périsse la patrie qui ne veut plus adorer ni souffrir nos vices! » dirent
les deux sortes d'ennemis du peuple qui les a toujours nourris. Et par eux,
soit excitée du dehors, soit secondée par les conspirateurs de l'intérieur,
l'invasion de 1814, puis les aveux d'une jactance, vile et vorace, confirmèrent
ces paroles de Napoléon : « France, terre des braves, quelques traîtres de
« moins, tu serais encore la grande nation et la maîtresse du monde! »—
(17 août 1815.)

Au souvenir de la patrie éplorée, quels devaient être les regrets de l'Empereur d'avoir trop écouté sa générosité personnelle, en appelant à la recons-
truction de l'édifice gouvernemental les oppresseurs des peuples, les alliés
empressés et fidèles des jalousies étrangères! — Nous le flattons pour le
perdre! nous l'embrassons pour l'étouffer! —Langage vrai, honorable et
continuel !

Magnanime, l'Empereur croyait à la sincérité! — de ceux qui ont pressuré,
bouleversé, ensanglanté, combattu la patrie? — Il voulait un ralliement! —
d'intérêts? oui : de cœurs? ils en manquaient. — Une fusion de vœux op-
posés! — L'orgueil les divisera toujours, ou ne produira qu'une perfide et
astucieuse fusion de haines, une hypocrite alliance d'espérances et d'efforts
hostiles, un accord honteux et momentané entre des prétentions coupables,
pour intriguer, comploter, conspirer, implorer vainement contre la France
des orages qui seraient fatals à tous ses ennemis, infimes ou élevés. Que 1814,
généreux, bienfaisant même envers le 7 août nécessiteux, que, du moins, il
peut regarder sans honte et sans remords, lui pardonne et 1793, et 1830,
et 1832, la morale et la religion applaudiront! Mais pactiser avec d'odieux
souvenirs serait impossible à l'honneur; ce serait ajouter à l'illégitimité de
Hugues Capet. — Si 1830, qui n'a su défendre ni père, ni mère, ni femme, ni
enfants, ni frères, ni sœurs, ni pupilles, ni position, ni soi-même, imitant
la déclaration du 23 avril 1803, oubliée le 29 juillet, cherchait, par expectative, à se greffer sur une branche adverse, ce serait multiplier l'indignité
native par une indignité personnelle.

Mais, revenant aux grandes intentions de l'Empereur, il voulait, dira-t-on,
rétablir des fortunes perdues! — Toutes? Impossible. — (Aratus de Sicyone,
Ptolomée II. — Cicéron, *de Officiis*, II, 23.) Puis, sans approuver les spolia-
tions imméritées, est-il juste que la prospérité favorise toujours les mêmes
races, et que le malheur écrase sans cesse les familles qui ont souffert pendant des siècles ? — Et les anciens services? — N'ont-ils pas eu de larges et
longues rémunérations? En ont-ils, mieux que d'autres, mérité l'impérissable
continuité par une continuelle suite de vertus, de zèle désintéressé, de
dévouement, d'abnégation, sentiments qui, seuls, devraient attirer la confiance des gouvernements, heureux d'éprouver que les *grands cœurs sont
supérieurs aux plus hautes places ?* — (Massillon.)

Dieu et les hommes disent que le pâtre le plus obscur des Alpes ou des
Pyrénées, fidèle aux bonnes mœurs, a rendu plus de services à la patrie,

à l'humanité, que tout le Sénat, tout le Corps législatif de l'Empereur Napoléon Ier.

Pourquoi, le 31 mars 1814, le Sénat, le Corps législatif, le Conseil d'État, le Conseil municipal, la Magistrature, l'Administration, au lieu de fuir ou de trahir, ne se sont-ils pas présentés aux rois coalisés, qu'ils auraient émus, entraînés, subjugués par cette imposante, nécessaire et patriotique unanimité? Certes, appuyés par les convenances de famille et de politique de François II, secondés même par l'indifférence et les souvenirs forcés d'Alexandre Ier, ils eussent sauvé la France des subversions de 1814, 1815, 1830, 1848 ; ils l'eussent sauvée des fatalités de quarante années de frémissements, d'agitations sourdes et violentes. Bienfaiteurs de l'Europe et de l'Amérique, à leur propre estime ils auraient vu se joindre une immense gloire — et d'honorables richesses !

Mais, malgré ses nationales intentions, Napoléon Ier, avant l'emploi de ses matériaux, a trop négligé, par une funeste bienveillance, d'interroger la vie privée, ce prophète de la vie publique et de l'avenir. — Par les mêmes motifs, ses tristes remplaçants ont été esseulés aux jours d'orage.

> Donec eris felix, multos numerabis amicos.
> Tempora si fuerint nubila, solus eris.

Aussi, la France, en rétablissant par *Napoléon* l'Empire de *Charlemagne*, ne voulait point ramener au pouvoir les incessants destructeurs de cet empire. Elle croyait les réduire à l'impuissance, et leur ôter définitivement toute influence politique, publique, administrative; mais une erreur déplorable leur confia le pays. — Ils l'ont vendu, livré à leurs amis les ennemis, après avoir tant d'années conspiré contre sa gloire, sa grandeur et sa fortune.

Écoutons l'histoire et les souvenirs contemporains :

Le 31 mars 1814 — « *La rente montait à la bourse. Les sympathies roya-*
« *listes saluaient avec des acclamations fiévreuses les souverains étran-*
« *gers ; des hommes, des femmes, appartenant aux plus hautes conditions*
« *sociales, embrassaient, en pleurant de joie, les genoux des vainqueurs.*
« *Du haut de riches balcons, on jetait aux soldats prussiens et tartares*
« *des rubans, des guirlandes et des couronnes. Les barrières de Paris*
« *étaient encore inondées de sang français, et déjà on décernait aux en-*
« *nemis victorieux les témoignages d'un aveugle enthousiasme et d'une*
« *allégresse étrange.*

« *Cependant des attroupements composés de jeunes gens de noble ori-*
« *gine parcouraient les rues de Paris, après avoir arboré la cocarde blan-*
« *che et le drapeau des Bourbons ; ils faisaient retentir l'air des cris,*
« *mille fois répétés de Vive Louis XVIII ! à bas le tyran ! Parvenus sur*
« *la place Vendôme, ils entourèrent d'un câble la statue de Napoléon,*
« *qui dominait la colonne de la grande armée, et ils essayèrent longtemps*
« *de la faire tomber.* » — (Bibliothèque de la jeunesse chrétienne, approuvée par Mgr l'archevêque de Tours : 1843, p. 335, *Histoire de Napoléon*, par M. Amédée Gabour, écrivain peu favorable à l'Empereur.)

..... « *La belle comtesse E. de P....., duchesse de D.....* (dame d'honneur

« de l'impératrice M.... L.....) *était à cheval derrière un Cosaque*, etc. » —
{P. 241, t. V, *Revue britannique*, journal d'un prisonnier anglais très-hostile
à l'Empereur.)

« *Oui, la journée du* 31 *mars* 1814 est le résultat de la pensée du souverain
« qui règne sur nous (Charles X). Seule, elle pourrait suffire à sa gloire,
« comme *elle honorera toujours ses mandataires directs*, et le petit nom-
« bre de ceux qui les premiers y ont concouru, en exécutant et faisant exécu-
« ter religieusement ses ordres. » — (Signé : C. M***, ex-chef de la 1re division de la police générale du royaume, et chargé, lors des deux restaurations,
des pouvoirs secrets des commissaires de S. A. R. Monsieur et de Sa Majesté
Louis XVIII. — (*Quotidienne*, 31 mars 1829.)

(*) Le 1er avril 1814, composés en grande partie d'après les instructions
de 1791 à ce jour, le Sénat, le Corps législatif, l'administration déposèrent
l'Empereur et vendirent la nation à l'étranger et à ses lâches protégés. Ceux-
ci, chassés par le souffle de mars, aux acclamations de la France, invoquèrent
encore, avec un honteux succès, les armées de l'Europe abusée. Alors, comme
au 1er avril 1814, au 19 mars 1815, et plus tard au 26 juillet 1830, au 24 février 1848, vouées à elles-mêmes, esclaves de la peur, fidèles à leur désertion
des princes malheureux, les Chambres eurent l'ignominieux courage de demander à l'Empereur des Français son abdication.

« C'est la peur qui me dépose, une peur dont vos ennemis profiteront, dit-
« il à Benjamin Constant. — Et quel est donc le titre de la Chambre pour me
« demander mon abdication ?... Mon droit, mon devoir, c'est de la dissoudre. »

Alors il parcourut rapidement les conséquences de cette mesure, balançant
ses possibilités, ses chances et celles de la Chambre.

Et comme si le hasard eût voulu fortifier Napoléon dans le sentiment de ses
ressources, l'avenue de Marigny retentit des cris de Vive l'Empereur! Une
foule d'hommes, pour la plupart de la classe indigente et laborieuse !!! se pres-
sait dans cette avenue, saisie d'un enthousiasme en quelque sorte sauvage, et
tentait d'escalader les murs de l'Élysée, pour offrir à Napoléon de l'entourer et
de le défendre. — « *Vous le voyez*, dit Napoléon, *ce ne sont pas là ceux que
« j'ai comblés d'honneurs et de trésors.* Que me doivent ceux-ci? *Je les ai
« trouvés pauvres, je les ai laissés pauvres. L'instinct de la nécessité les
« éclaire, la voix du pays parle par leur bouche, et, si je le veux, la
« Chambre rebelle, dans une heure elle n'existera plus.....! Mais la vie
« d'un homme ne vaut pas ce prix. Je ne suis pas revenu de l'île d'Elbe
« pour que Paris fût inondé de sang.* » — (BENJAMIN CONSTANT, *Lettres sur
les Cent-Jours, Mélanges politiques*, 1829, I, 139.)

Pourquoi Benjamin Constant n'a-t-il pas eu le cœur d'engager l'Empereur
à s'appuyer sur l'atlas populaire? C'est qu'il était un politique érudit et poli,
privé de cet enthousiasme sauvage, prière nationale, offrande de la vie adressée au génie de la France!

Néanmoins, ses réflexions lui font écrire longtemps après : « Que d'éléments
« pouvaient tourner à l'avantage de Napoléon! Il eût pu être le Marius de la
« France, et la France fût devenue certainement le tombeau des nobles, et
« peut-être le tombeau des étrangers. » (Même ouvrage, p. 140.)

(*) Au lieu de dissoudre cette Chambre rebelle à la patrie, l'Empereur répondit: « Je m'offre en sacrifice à la haine des ennemis de la France. Puissent-ils « être sincères dans leurs déclarations, et n'en avoir réellement voulu qu'à ma « personne!»—(*Les puissances alliées ne font point la guerre à la France!!!*) — (*Voir leur déclaration du 1er décembre* 1813, à *Francfort.*) — *On ne peut m'attaquer sans attaquer la nation!!!* — (Napoléon au Corps législatif, 1er janvier 1814.) « Dans quelque position que je me trouve, je serai « toujours bien, si ma patrie est heureuse .... Mais ce n'est qu'avec ma dy- « nastie qu'elle peut être libre, heureuse et indépendante. »

OUI, a répondu la France, aux applaudissements sympathiques de tous les peuples, admirateurs du héros dont les anciens ennemis, par leurs successeurs même froidement oubliés, sont restés inconnus dans leur tombeau, tandis que, brisant le sien, Napoléon s'est élancé dans l'avenir éternel, au-dessus des plus grands princes dont les hommes ont conservé la mémoire; plus grand que les conquérants, fondateurs des quatre grands empires de l'antiquité; plus grand que Sésostris et Cyrus, Alexandre et César, Trajan et Charlemagne. Tous, ils laissèrent leurs vertus faire naufrage dans les faiblesses de leur époque. Sésostris et Cyrus traitèrent en esclaves et les rois et les peuples; Alexandre tua Clytus, Callisthène, brûla Persépolis; César ne fit rien pour la patrie et l'humanité; Trajan et Charlemagne furent sans clémence pour les vaincus. Ensuite, à l'image de Napoléon, aucun d'eux a-t-il eu la gloire d'éteindre les guerres civiles, de dompter l'anarchie, de rétablir l'ordre naturel et primitif, indispensable pondération sociale, de ramener la religion, épouvante et punition des méchants, espérance et joie des cœurs justes et bons; de fonder l'unité nationale, homogénéité indispensable à la conservation des cités et des empires? Aucun d'eux surtout n'eut la sainte gloire de s'immoler deux fois à l'appréhension des discordes intestines et du ravage de la Patrie. Puis, les immenses et majestueuses personnalités de ces géants historiques, dominateurs des siècles, incapables peut-être de supporter le poids de l'infortune, n'ont pas été épurées et bénies, comme la victime de Sainte-Hélène, par l'auréole du malheur, par la couronne du martyre (**), plus resplendissante encore et plus sacrée que toutes les puissances terrestres. Aussi, à peine expirés, leurs noms fameux et redoutables ne sont plus que les lointains et vains retentissements de la foudre, les échos mnémoniques des tempêtes dévastatrices : cependant que Napoléon apparaît toujours comme le véritable ami, le vrai représentant des nations qui se voient en lui, révèrent et invoquent son nom comme la Liberté, l'Égalité, la Multitude individualisées, réunies, triomphantes et couronnées.

(**)   La mer de Sainte-Hélène est ma seule couronne.

. . . .

Hélas! après quinze ans de victoire et d'empire,
Sur ce rocher sauvage il faudra que j'expire!
Mais de Napoléon l'immortel souvenir
Assure à ses neveux un illustre avenir;
Leur grand cœur recevra de l'urne populaire
Pour le bonheur du monde un pouvoir tutélaire.   (CHARLES VERNAY.)

Et quand, indignes de le louer, ses adulateurs, jadis conjurés pour le perdre, ont déserté sa gloire pour adorer le veau d'or, ils ont été remplacés, surpassés, effacés par le plus vrai, le plus pur, le plus grand des orateurs, le peuple, qui, aux magnifiques solennités de 1848, 1851, 1852, a fait, en trois mots, le seul panégyrique digne et de son héros et de son impérissable majesté.

VERNAY.

(VIII, v. p. 23, Pétition pour le Suffrage universel.)

Le 7 février 1835 (*Moniteur*, p. 270), la Chambre des Députés, hostile au suffrage universel, rejette cette pétition nationalement accueillie, nationalement exercée le 10 décembre 1848, le 20 décembre 1851, le 20 novembre 1852 (*).

« L'administrateur est le délégué de l'équité sociale. »

. . . .

(*) Les intérêts des citoyens ne doivent être confiés qu'à ceux qu'ils ont librement élus. — Librement élus ! — que d'obstacles y apportent sur les deux hémisphères les conspirateurs de palais et de congrès ! Mais les droits de l'homme, les souvenirs du peuple formeront une vraie sainte-alliance qui proclamera la liberté, vengera le génie trahi, la gloire persécutée, le malheur profané, et l'espérance de l'affranchissement universel étouffée à son aurore et près de son berceau. — (*Paris*, 20 *mars* 1811. — *Vienne*, 22 *juillet* 1832.)

. . . .

Au fond, dîner *avec* des hommes de couleur n'est pas un acte répréhensible nulle part, surtout dans l'Empire français ! Et, *si magnis parva*, sous un règne d'Égalité, sous un Prince loyal qui a rendu immortels dans les annales de la Nationalité les premiers jours de son administration, en prodiguant à la Patrie les plus chers témoignages de son affection ; sous un Prince généreux (**) qui a ménagé à tant de Français d'heureux souvenirs par d'innombrables et touchants serrements de mains populaires, doit-on, au nom d'une fière et burlesque étiquette, destituer un magistrat pour avoir, aux jours séculaires de Juillet, célébré la gloire pacifique du roi né des barricades, dans un dîner avec des citoyens de couleur, citoyens qui payent à l'État leurs contributions pécuniaires et personnelles, citoyens partout accueillis dans la grande armée de l'ordre public, toujours prête à sauver le Prince et la Patrie ? Une prééminence, une hiérarchie humaine est-elle donc fondée sur la couleur de la peau, pas plus que sur celle de la coupe de la figure ? L'unique différence est celle de l'éducation et de la morale ; l'unique supériorité est celle du talent et de la vertu. Noirs, blancs ou bruns, forts ou faibles, laids ou beaux, riches ou pauvres, mendiants indigents ou mendiants millionnaires, rois ou hommes, tous sont égaux en droits, en facultés, en avenir ; tous sont libres de tendre au bien, esclaves seulement du vice, de la douleur, de la mort. Bizarre création de l'orgueil, la dynastie de la peau, la royauté de la couleur, la tyrannie de la faiblesse voudraient-elles aussi exercer leur despotisme odieux et ridicule? Ah! malgré de hautes nullités, la France et le siècle, inclinés devant un trône de vérité, de paix et d'espérance, ne saluent d'autre puissance que celle du génie et de la grandeur !

....

Consultation de M. VERNAY *pour* M. *Hermé Duquesne, destitué comme coupable d'avoir dîné, le* 29 *juillet* 1831, *avec des citoyens de couleur.*
(1832, Paris, imprimerie d'Éverat.)

(**) Ce Prince généreux eut jadis la douleur de voir, sur son appel, la cour d'Orléans lui adjuger DOUZE FRANCS *de dommages-intérêts, au lieu de six francs !* que lui avait alloués le tribunal de première instance. — (Arrêt du 5 mai 1829; — Sirey, deuxième partie, p. 183.)

Ce Prince généreux, dans le temps où la France gémissait sous l'oppression étrangère et la famine, avait eu la douleur d'obéir à l'ordonnance malavisée du 11 septembre 1816 (archives des finances, n° 718), qui le força à accepter la remise du tiers de ses impôts, et cela, sans l'observance de la loi du 14 mai 1800, qui exige une expertise contradictoire pour constater le désastre pouvant servir de motif à la remise d'impôts.

Que de douleurs pécuniaires, testamentaires, collatérales sont venues vous affliger, Prince généreux, et toute votre Race, pour commencer la salutaire expiation des irréparables 21 janvier, 29, 22 juillet, 7 août, etc., etc., etc. !— Dieu ne vous dira pas : « Avez-vous été rois, ou hommes, puissants, riches, ou savants? » mais bien : « Avez-vous aimé, avez-vous traité votre prochain comme vous-même? » — Mais adorons et sollicitons la nécessaire et divine indulgence pour nous et pour les autres pécheurs. — Et laissons dire à *Massillon* et à *Bossuet :* « Les races futures disputeront à la plupart des souverains les titres et les hommages que le siècle leur aura donnés. — Mon discours, dont vous vous croyez peut-être les juges, vous jugera au dernier jour. »

(IV. v. p. 18*.) CONSULTATION DE M. VERNAY

*Pour madame R....., contre M. D.....— Cour d'appel de Rouen. —
Responsabilité de procédure.*

> Entre celui qui se trompe et celui qui souffre, la loi ne peut balancer : c'est un grand principe d'ordre public.
> (*Motifs du code Napoléon,* art. 1382, 1383.)

Vu un mémoire manuscrit pour *madame R.....* contre *M. D.....* et les pièces à l'appui, l'avocat soussigné, précédemment consulté, estime que le *fait* et le *droit* imposent à *M. D.....* envers *madame R....* une responsabilité qu'il combat seulement devant les tribunaux, mais que, sans doute, il reconnaît dans le for intérieur. En effet, il n'oserait justifier sa conduite par le grand principe de la réciprocité. Car, voudrait-il qu'on eût agi à son égard comme il l'a fait contre sa cliente? Et dans la fâcheuse supposition que ses droits eussent aussi été compromis de même par un avoué ignare, imprudent ou égaré, ne lui aurait-il pas immédiatement dit : « Mon confrère, si, absorbé par la conscience de l'intérêt, vous oubliez « l'intérêt de votre conscience, la justice vous forcera à une réparation que vous « deviez vous hâter de m'offrir, au lieu de me la refuser scandaleusement. »

(*) Certes, ce langage naturel aurait reçu l'honorable approbation de tous les magistrats réfléchis, religieux observateurs des antiques règles de probité tracées pour le bonheur des hommes par ces jurisconsultes philosophes, qui, auguste dynastie de la vertu, conservent sans effort le perpétuel empire d'une sainte autorité ; contraste providentiel avec l'inévitable disparition des races misérables arrivées par le hasard et le crime à l'éclatante royauté de l'infamie. Ainsi, l'on doit dire comme les vénérés régulateurs des actions humaines :

Quid recipis mandatum, si neglecturus ?

Cicer. S. Ros. 38, ed. *Lemaire, Or.* I, 115.

Omnis qui defenditur boni viri arbitratu defendendus est.

D. III, 3, 77.

C'est-à-dire, ad eumdem modum quem arbitraretur verus æstimator æquitatis.

Cujac., I, 1362, *ed. Raniö.*

De *lite* quam suscepit, exsequendam *mandati* eum teneri constat.

ff, XVII, 1, 8, § 2.

Cum per *procuratorem* causam tuam læsam esse dicas, *mandati* actio adversus eum tibi competit. C. IV, 35, 9.

Dolus est si quis nolit persequi quod persequi potest. (Ulpien.)

D. XVII, I, 44. — Pothier, Mandat, n° 132.

A *procuratore dolum* et OMNEM CULPAM præstandum esse juris auctoritate manifeste declaratur.

C. IV, 35, 13. — *Conf.* 226, 213, 223, *de Verb. sig.* 132, *de Reg. jur.* *Omnem culpam,* etiam LEVISSIMAM.

Cujac., V, 1047 ; — VI, 18 ; — VII, 833, 845, 784 ; — VIII, 413, 672 ; — IX, 557 ; — X, 989.

Levissimam. Ac ne quis putet *hoc pertinere* duntaxat ad *procuratores forenses* (de quibus *Cujac.,* IV, 939, non ad alios aut quemvis mandatarium).

Vinn. Sel. Jur., Quæst. I, 52, **p.** 97, *Lugd.* 1747.

Et levissimam.

Heinecc. Pand. XVII, I, CCXXXIII, 1768, 6, 304.

Pothier, Traité du Mandat, n° 46, 47, 49, 139.

Et est ratio qua *in istis minima negligentia* potest esse causa *maximi periculi.*

Du Moulin, III, 473, et *num.* JJ. CC. *Cit.*

Perditissimi hominis *fallere eum qui læsus non esset, nisi credidisset.*

Cicer. S. Rosc., 38, ed. *Leclerc,* 6, 208.

Ces maximes ont été consacrées en 1803, sous l'influence et l'empire du génie, par le Code Napoléon et par le Code de procédure.

Or, si l'avoué, dépositaire nécessaire, directeur et maître des intérêts, virtuellement et indispensablement commis à sa foi, à sa capacité légale, les laisse péricliter par la moindre négligence (*in istis negligentia minima maximi periculi causa*), il en est le garant absolu et forcé ; car, d'après sa volonté générale, prédéterminée, spéciale, et d'après le contrat d'ordre public résultant de sa seule profession, il s'est substitué judiciairement et exclusivement au client, qui dès lors n'a pas pu agir pour lui et par lui-même : cela est apodictique. Aussi, « *la justice s'oppose à ce qu'on reporte sur* lui *les suites* « *d'une négligence qu'il n'était pas en son pouvoir d'empêcher.* » (Napoléon, *Discussion du Code*, séance du 2 février 1804 ; Locré, *Procès-verbal,* IV, 412 ; *Code général,* 1829, XVI, 191.) Il s'ensuit donc que le fait dommageable (*negligentia minima, et levissima culpa*) qui, émané de la partie, l'aurait privée de ses droits si la loi lui en avait laissé l'exercice matériel, doit être à la charge de l'avoué passible du même fait, pour que la négligence retombe sur son auteur immédiat. *Quibus in rebus ipsi interesse non possumus, in his, operæ nostræ vicaria, fides procuratorum supponitur. Quam qui lædit, oppugnat omnium commune præsidium, et quantum in ipso est, disturbat vitæ societatem... Turpis hæc culpa est... In minimis rebus etiam negligentia mandati in crimen judiciumque infamiæ vocatur* (Cicer., S. Rosc., ed. Olivet, 7, 94.) Lien de droit naturel, public et positif, la responsabilité, comme conséquence des actes, oblige l'huissier, l'avoué, le notaire, le conservateur, l'architecte, le fermier, l'usufruitier, le mari, le commis, le préposé, le facteur, l'entrepreneur, le tuteur, le directeur, l'administrateur, etc., etc., etc. ; menace, presse, poursuit, atteint, punit inexorablement les infidèles mandataires des peuples abusés ; frappe même de calamités, de mépris et de servitude ₁a nation oublieuse de sa majesté suprême et de ses devoirs envers ses contemporains, l'avenir et l'humanité. Aussi, loin de combattre, quant à eux, ce principe universel, les avoués le respectent et le chérissent comme le privilége pécuniaire qui concourt à assurer et leur prospérité et leur honneur.

Dans la cause, *M. D......, avoué,* a dû connaître, absolument et par état, et les points de *fait* et les points de *droit* résultant soit du *jugement par défaut de comparution rendu* par le tribunal de commerce, soit des actes de *madame R.....* contre son débiteur ; c'est-à-dire, l'urgence de la recommandation, l'urgence de suivre l'effet d'une saisie mobilière précédente, et l'urgence d'une saisie immobilière complète : l'une de ces procédures étant indispensable pour empêcher la péremption du jugement (art. 156, 159, C. pr., 693 C. comm.). Cela est si vrai que, pénétré de cette nécessité pressante, afin de faciliter la rédaction d'une saisie immobilière au nom de *madame R....* , à l'aide des indications d'une saisie immobilière antérieure transcrite et abandonnée par un autre créancier, probablement désintéressé, *M. D.....* obtient de la bénévole et gracieuse amitié de M. le conservateur des hypothèques, son beau-frère, l'utile communication du registre des transcriptions. Cependant, malgré l'obligation, la possibilité, et surtout malgré la non-impossibilité de faire les actes conservatoires des droits de sa cliente, il ne les fait point, et la péremption s'accomplit. Nonobstant, il continue, sciemment, une procédure nulle. Entre-temps, il était devenu le conseil du débiteur qu'il était chargé de poursuivre. *In contrariis causis quasi varie, vel vare, esse positus videtur.* (Cicer., *Or.*, p. 36.) *Ex utraque parte consistit, quinimo ex altera.* (D. 47, xv, 1.) Il nous plaît d'énoncer que cet oubli, non de soi-même, mais de sa cliente, est seulement une simple faute, à la vérité inexcusable et soumise à la réparation du dommage. Plus sévères, le consul romain et la raison législative l'appellent d'un nom que, plus rigoureux encore, le digne ami de *Tacite* donne à la légèreté, à la faiblesse, à la mollesse de la défense : *Prævaricatio est transire dicenda ; prævaricatio etiam cursim et breviter attingere quæ sunt inculcanda, infigenda, repetenda.* (Plin., I, 20, ed. Lemaire, I, 51.)

Est-ce au reproche de négligence, de mollesse, d'abandon, de désertion, de conversion hostile que *M. D.....* s'est exposé lorsque, surattentif quant au tarif, pour un droit de 4 francs justement réclamé par un huissier consciencieux et bien connu (M. Heuzé), il a mal à propos alarmé, compromis la dignité du corps des avoués, coalisés imprudemment, à son instigation, en une ligue offensive, usurpatrice, et péniblement vaincue par un obscur exploit de notification ; exploit trois fois couronné du miraculeux rameau d'or, sa précieuse et immortelle conquête! *Aureus..... ramus..... dictus sacer.....* *Primo avulso non deficit alter.*

> On a beau l'arracher au tronc qui le possède,
> Soudain un rameau d'or au rameau d'or succède.
>   Virg. Delille, VI, 1824, 4, 227.

Cette extrême vigilance pour un intérêt centésimaire, condamné par la Cour de *Rouen* et par la Cour de *cassation* (arrêts *Delamotte-Heuzé* du 20 janvier 1830 et du 24 août 1831 : *Sirey*, 30, 2, 179, et 31, 1, 313), prouve que l'intelligence et l'activité de *M. D.....* sont ultra-mémoratives quant à ce qui le concerne. Or, le mandataire en général, et spécialement l'avoué, doivent légalement à leurs clients plus de soin, d'attention et de diligence qu'à eux-mêmes. Aussi, ne peuvent-ils point se disculper par *in rebus suis consueta negligentia* (D. XXXVI, 22, § 3), excuse doublement inapplicable à *M. D.....* S'il avait été créancier du débiteur de *madame R.....* aurait-il oublié ou trouvé impossible la transcription et la dénonciation de la saisie immobilière, etc., etc.? Aurait-il laissé la péremption s'accomplir? Aurait-il ensuite échelonné des actes inutiles, nuls et coûteux? Et si, sur ces entrefaites, il était devenu le conseil de son débiteur, aurait-il négligé d'assurer sa propre créance? Non, certainement. — Néanmoins, dans ces occurrences multiples, soit par une correspondance cauteleuse plutôt qu'inexplicable, soit en divers pourparlers (car il s'était rendu plusieurs fois de *Dieppe* à *Paris*), il entretient *madame R.....* dans l'illusoire et confiante espérance d'être bientôt payée d'une créance dont il savait bien qu'il avait, depuis longtemps, causé la perte en ne faisant pas les poursuites que lui commandaient son état et celui de la cause. — En vain, alléguerait-il le rang éloigné de l'inscription de *madame R.....* — Est-il juge anticipé et définitif d'un ordre futur? — Puis, *le jugement commercial qu'il a laissé périmer* ne présentait-il pas des moyens d'exécution étrangers à des titres simplement hypothécaires? etc., etc., etc.

Ces circonstances, entre autres, prouvent que *M. D....., tout au moins par sa faute, a compromis les intérêts de madame R....., sa cliente.* Ainsi, l'action en responsabilité et l'appel qu'elle a dirigés contre lui sont bien fondés. Il faut donc croire qu'en les accueillant la Cour, incessamment fidèle aux inspirations de la vertu, de la sagesse et des lois, prouvera que ses arrêts sont et des oracles juridiques et des leçons de morale, leçons si nécessaires en ces temps déplorablement signalés par une haute corruption et une insatiable avidité! — *

Paris, le 27 mars 1834.

VERNAY,

Avocat à la Cour d'appel de Paris.

1834, imprimerie de Lachevardière.

(X, p. 5.)   QUESTIONS DE DOTALITÉ.

> Le mariage est l'union des âmes. — C'est pour le caractère que les époux s'attachent — Les qualités morales sont tout dans le mariage.
>
> (NAPOLÉON Iᵉʳ, 26 sept., 15 déc. 1801, Discussion du Code civil.)

I. Par le mariage, cette sainte association à la puissance créatrice et providentielle, les époux mettent en communauté leurs communs avantages, leurs communs efforts, leurs communes espérances (*divini et humaui juris communicatio*). Continuer la chaîne des êtres, transmettre des vertus et d'honorables souvenirs, plutôt que de faire fortune, voilà leur mission, leur emploi, leur récompense. Pénétrés de ces idées premières, trop dédaignées par l'égoïsme, les auteurs du Code civil, fidèles d'ailleurs aux traditions et de la nature, et du pays, et de nos belliqueux ancêtres, avaient d'abord proclamé l'empire volontaire de la communauté légale. Mais la fâcheuse dissidence du mien et du tien les obligea, comme législateurs, à une concession qui leur répugnait comme moralistes : ils accordèrent donc aux époux l'option, et même l'alliance, entre l'affectueuse communauté, la dotalité calculatrice, et l'hostile paraphernalité. — (1387, 1392, 1393, 1574, C. N.) Néanmoins, ils firent de la communauté la religion légale des intérêts matériels du mariage, à défaut de stipulations spéciales, ou contraires, ou modificatrices. En effet, la communauté de biens n'est-elle pas une conséquence forcée de la communauté de personnes? (212.) Ainsi le droit naturel devint le droit commun, et le régime dotal, admis par tolérance, n'en devint que l'exception, etc., etc.

(*Consultations de* M. VERNAY, 30 mars et 15 avril 1837. — Paris, 1837, imprimerie de Fain.)

6

2. Secours contre des besoins multipliés et allégés par une tendre union, la dot de la femme représente, pour elle, l'industrie de l'homme. Créer, conserver, acquérir, ménager, voilà l'ordre mystérieux que leur dicta la volonté suprême : heureux d'obéir en suivant le libre cours de sages inspirations ! Leur association aventureuse est dirigée par la loi générale ou par la loi particulière. Image de la Providence, la loi générale soumet tout à de grands principes immuables. Emblème de la liberté native, la loi particulière est soumise à l'universelle sagesse. Ainsi le caractère dotal est l'inaliénabilité, protectrice contre les écarts des maris et contre la faiblesse des femmes. Consacrée par l'art 1554, elle reçoit des exceptions conventionnelles et judiciaires (1557, 1555, 1556, 1558 et 1559). L'intérêt seul a posé leurs limites ; où l'utilité finit, s'arrête l'inaliénabilité conventionnelle. Établie par une sévère prudence, l'inaliénabilité cède à la nécessité, à la justice ; car la crainte de l'abus ne doit pas proscrire l'usage. Aussi la loi dit aux époux : « Frappés par les accidents de la vie, vendez vos biens dotaux, acquittez les dettes de la nature, de la reconnaissance, de l'honneur ; mais disposez sagement de ce qui vous restera. Économes de vos biens, soyez prodigues seulement d'affection, de délicatesse mutuelle, etc.

(*Mémoire de* M. VERNAY, pour M. ***, contre M. ***, page 72. — Lyon, 1829, imprimerie de L. Ayné.)

(XI, v. p. 43.) QUESTION DE PROPRIÉTÉ DE FONTAINE.

J'ai cru devoir présenter, réunies en trois faisceaux séparés, les chroniques des trois guerres entreprises pour m'empêcher *de boire et de laver ma lessive* à la fontaine Darci. J'ai raconté d'abord la première, ouverte par l'envahissement de mon eau, et terminée par ma victoire judiciaire au possessoire sur la ville de Thizy en 1823 ; puis la seconde, commencée par M. Calvate, vaincu successivement au tribunal de première instance et à la Cour royale de Lyon, malgré les secours du conseil municipal de Thizy, d'élégiaques et glapissantes déclamations, et des efforts de toute nature. Me voici à la troisième : l'issue ne peut en être douteuse, grâce à la justice de ma cause et de la Cour. Ces débats, pour un peu d'eau, me rappellent qu'un vétéran, mon voisin, m'a raconté les mémorables combats de deux villes d'Italie pour un seau enlevé ; événements parodiés en 1823 sur un grand théâtre, par la bouffonne mystification d'un ridicule podestat. — (*La Sechia rapita*, di Tassoni ; la medesima, dramma eroi-comico che si diede a Firenza, nel 1823.)

Après cinq ans d'involutions de procédures et d'évolutions forenses, j'obtiens un arrêt dont l'équité ne pouvait être méconnue que par une irritabilité extravagante qui, pour substituer son caprice à la loi, voudrait comprimer les inspirations de la sagesse. Aussi l'expédition de mon arrêt est suspendue par une lutte de plus de trois mois, dans laquelle une emphatique et pathétique pétulance, une sophistiquerie chicanière et piteuse ont échoué devant la fermeté des magistrats qui avaient reconnu la légitimité de mes droits. Aussi mon entreprenant plaideur, loin d'écouter la bouillante émotion d'un esprit rebours, n'a point osé se livrer à l'impertinence, au risque, au hasard d'un pourvoi en cassation. Il a même exécuté mon arrêt envers messieurs les avoués, mais non pas envers moi, malgré mes prières multipliées, et surtout malgré les deux prières authentiques qui lui ont été présentées pour moi les 30 juin 1828 et 15 janvier 1829, par MM. les huissiers Bonnarde et Déclas.

Ce riche négociant, ce grand propriétaire, cet homme influent dans sa cité par sa fortune, son caractère, ses éminentes et nombreuses alliances, ce haut électeur, cet éligible enfin, se rit de mon droit, en disant : « Que fera *cette femme ?* je suis *riche*, elle est *pauvre !* » — Ah ! opulent C***, sachez qu'il vaut mieux être pauvre et être la richesse de l'État, que d'en être l'indigence et être riche. La richesse du cœur suffit aux exigences de la vertu, et les trésors du monde ne satisfont jamais les passions. Le riche, ingrat comme le fleuve envers sa source, dédaigne dans ses jouissances l'origine de sa grandeur, le pauvre qui, cependant, forme, peuple, aime, cultive, enrichit, défend la patrie, et n'éprouve souvent que privations, impôts, abus et mépris. Tout enfin l'accablerait si la modération ne le rendait pas inaccessible aux turbulents assauts de l'ambition. Aussi il ne se soulève pas contre l'ordre providentiel, n'excite pas des révolutions, ne brigue pas contre l'intérêt public d'importants emplois, des traitements gratuits, d'injustes priviléges ; ne sollicite pas, pour le trahir, un mandat sacré ; ne substitue pas un esprit de sacristie et d'égoïsme à l'esprit de religion et d'utilité générale ; mais sert Dieu, l'Église et l'État. Aussi une voix divine nous a dit qu'un chameau passerait plutôt par le trou d'une aiguille qu'un riche n'entrerait dans le royaume des cieux.—Εὐκοπώτερόν ἐστι κάμηλον διὰ τρυπήματος ῥαφίδος διελθεῖν, ἢ πλούσιον εἰς τὴν βασιλείαν τοῦ Θεοῦ εἰσελθεῖν. — Mas facil cosa es pasar un camello por el ojo de una aguja que entrar un rico en el reyno de los cielos. (*Évang. S. Matth.,* XIX, 24.)

— 30 juin et 20 juillet 1829, *Factum et Consultation de* M. VERNAY *pour madame* Ve *Desnoyel, paysanne, contre la ville de Thizy, etc.* — 1829, imprimerie de L. Ayné, à Lyon.

⁓❦⁓

(XII, V. p. 21.)   # M. VERNAY

A SES CONCITOYENS LES ÉLECTEURS DU DÉPARTEMENT DU RHÔNE.

Citoyens,

J'appartiens au département du Rhône et par ma naissance et par d'anciens et chers souvenirs. Aussi votre bienveillance trouvera naturel que je sollicite l'honneur de vous représenter à l'Assemblée législative.

Mes antécédents doivent servir de garantie à la carrière politique où m'appelleraient vos suffrages.

Le 30 mars 1814, écolier, je faisais le coup de feu contre l'ennemi dans la plaine Saint-Denis.

En 1815 et 1830, j'ai fait aussi mon devoir de citoyen.

Longtemps avocat à Lyon, mon cœur est reconnaissant des témoignages d'estime et d'affection dont voulurent bien m'honorer et la Magistrature et le Barreau, où j'ai toujours conservé des maîtres, des modèles et des amis.

Constant défenseur de la loi, de la justice et du malheur, devant la sanglante Cour prévôtale du Rhône, de nombreux et vivants souvenirs attestent que mes efforts rendirent à leur famille une foule d'accusés politiques, déplorables victimes de complots factices organisés par d'insidieux provocateurs, cruelle vérité dont l'énonciation me valut et le concours et l'amitié de notre illustre et sensible *Camille Jordan*, qui disait à la tribune :
« Nulle voix plaintive aux noms de la justice méconnue, de l'humanité
« profanée ne s'élève-t-elle du sein de ces campagnes désolées qu'a par-
« courues si lentement..... »

« Il s'en est élevé une, mais seule, mais jeune, mais faible. Cette voix c'est la
« mienne, » lui répondis-je en lui envoyant de nouvelles demandes en grâce pour les condamnés.

Il m'écrivit immédiatement :

« Monsieur,

« J'ai reçu votre lettre et le paquet (de pièces) par la diligence. — J'ai été
« fort touché de ces témoignages de votre confiance, et j'ai tout lu avec
« une grande attention. — Je n'ai pu, en lisant, qu'admirer le zèle cou-
« rageux et éclairé que vous avez apporté dans toutes ces affaires, et je
« vous en remercie au nom de l'humanité. — Mais ce ne sont pas des
« compliments que vous cherchez ; ce sont des services pour les malheu-
« reux que vous avez défendus ; j'ai donc vu de suite le garde des
« sceaux. Il était déjà fort instruit de toutes ces procédures. Mais j'ai appelé
« plus fortement encore son attention sur quelques-uns des points prin-
« cipaux, et il m'a dit qu'il devait présenter au roi vos diverses sup-
« pliques et lui en faire son rapport. Tout ce que je connais de la justice
« et de la bonté de S. M. me donne lieu d'espérer plusieurs des adoucis-
« sements que vous sollicitez. Je serai heureux de pouvoir bientôt vous en
« transmettre la nouvelle. — Agréez, je vous prie, Monsieur, l'assurance de
« tous les sentiments d'estime que vous m'avez inspirés, et de ma consi-
« dération distinguée.

« CAMILLE JORDAN, député.

« Paris, le 5 janvier 1818. »

Ferme volonté de s'opposer aux révolutions successives que rêvent les oppresseurs de l'humanité et leurs complices ; désir affectueux de conciliation et d'unité nationale ; antécédents simples, modestes et honorables ; zèle pour les malheureux ; désintéressement éprouvé ; aptitude au mandat législatif et au soutien des intérêts du pays et du département : telles sont les principales qualités que les électeurs recherchent avec un examen ap-

profondi et comparatif, et qu'ils s'applaudissent de trouver toujours dans
leurs mandataires, les représentants du peuple.

Je crois avoir les plus indispensables de ces qualités, et cette croyance
m'est permise, peut-être, par l'estime de mes confrères, qui, moi absent,
s'exprimaient en ces termes :

« Après quelques années de plaidoirie de la part de M⁰ VERNAY, ses
« confrères, s'ils étaient appelés à porter un jugement particulier, devraient
« déclarer, pour être justes, qu'à une instruction solide il joint des connais-
« sances fort étendues, et qu'ils ont souvent eu l'occasion d'applaudir
« aux traits les plus spirituels, soit dans ses discussions, soit dans ses
« écrits. »

« Quant à son cœur, il sort de la sphère ordinaire. — Zèle, humanité,
« chaleur pour ses clients, désintéressement, courage, abnégation de lui-
« même, personne ne saurait dénier les témoignages sans nombre qu'il en
« a donnés. Aussi, peut-il s'honorer de l'estime de ses confrères, des suf-
« frages des magistrats et de la considération de tous.

« Duplan,

« Bâtonnier des avocats,

« (depuis, procureur général à Lyon, et conseiller

« à la Cour de Cassation.) »

« Je joins également mon attestation à celle de M. Duplan.

« Varenard,

procureur du roi, ancien avocat. »

« Je joins également avec le plus grand plaisir mon attestation à celles
« de ces Messieurs.

« Baudrier,

« président du Tribunal civil de Lyon. »

« Le soussigné, ancien bâtonnier des avocats à la Cour royale de Lyon,
« et qui en a exercé les fonctions pendant douze années consécutives,
« s'empresse de joindre son attestation à celles de MM. Duplan, Baudrier
« et Varenard. — Il ajoute qu'il est à sa connaissance personnelle que
« M. VERNAY n'a cessé de donner, dans l'exercice de sa profession, les
« preuves les plus multipliées du désintéressement le plus noble et le plus
« généreux. — Lyon, le 26 août 1831.

« Passet,

« juge au Tribunal de première instance. »

A ces autorités d'honneur peut se joindre un souvenir émané de clients
que m'avaient donnés des jours de calamité.

(*) Les déportés, condamnés par la Cour prévôtale du Rhône, m'écrivaient
du Mont-Saint-Michel, le 3 février 1818 :

« Monsieur,

« Nous avons reçu avec plaisir la lettre du 14 janvier que vous avez eu
« la bonté de nous adresser, par laquelle vous nous annoncez la commutation

« de peine émanée de la clémence et de l'humanité du roi. Par la même
« vous nous faites penser que vous ne désespérez pas de nous obtenir une
« nouvelle preuve de sa paternité.

« Nous vous supplions de vouloir bien agréer notre reconnaissance pour
« tous les soins que votre humanité vous a fait prendre de nous, et nous
« sommes assurés que vous voudrez bien ne pas vous lasser de nous être
« secourable, et que vous vous empresserez à travailler à nous renvoyer à
« nos femmes et à nos enfants, qui gémissent de notre absence, et qui
« sentent la nécessité de notre travail pour les faire exister.

« Nous n'avons encore reçu d'autre avis que celui dont vous avez bien
« voulu nous honorer.

« Agréez, etc.

« Pour les Lyonnais,

« *Gervais, Mallet, Rocuse, P. Bertrand,*

« *Guillot* (de Saint-Andéol, âgé de quatre-

« vingt-quatre ans en 1538). »

Heureux si à ces témoignages anciens et désintéressés vous ajoutez vos
bienveillants suffrages ; — mais, si une préférence consciencieuse détermine
votre justice à les donner à des citoyens que vous croirez plus méritants que
moi par leurs principes, leurs études, leurs services, leur aptitude et leur zèle,
je m'en féliciterai !

VERNAY

Licencié ès lettres,
Avocat à la Cour d'appel de Paris.

(Paris, 7 juin 1849, v. la *Presse* du même jour.)

FIN.

TABLE.